13歳のキミへ

中学生生活に自信がつくヒント35

高濱正伸

花まる学習会代表

実務教育出版

はじめに

ぼくは、主として小中学生を対象とした学習塾《じゅく》をやっている人間です。二〇一一年の春で、ちょうど十八年が過ぎました。その塾《じゅく》で毎年、小学校を卒業し中学に入学する直前の十二歳の子たちを集めて、「卒業記念講演」なるものを開いてきました。この講演を聞いたことで少しでも、教え子たちの中学高校という時期がすてきな時となるように、そして、成人以後の大人としての人生が、荒波《あらなみ》に負けないで、満喫《まんきつ》して生き抜《ぬ》いていけるものになりますようにと、祈《いの》りながら続けてきました。

中学生時代は、部活・恋・友情と大人から見ると華《はな》やいだものでもありますが、そのまっただ中にいる当人にとっては、一面で悩《なや》みの時代でもあります。ちょっとしたことで、とても感情が高ぶったり、逆に落ち込《こ》んでしまったり、不安定な時期です。ぼくたち大人だっていくらかは喜んだり悩《なや》んではいるのですが、青春期ほど振《ふ》れ幅《はば》が大きくはないように思います。

この本は、そんな苦悩《くのう》の時を生きるキミへの、ちょっと長く生きた人間からの応《おう》援歌《えんか》です。応援《おうえん》なんかいらない？　まあそれはそうかもしれないけれど、ぼくはただ話したいのです。年をとると、若者がかわいくて、何かしてあげたくてたまらなくなるのです。これをおせっかいというのでしょうね。

だけど、ぼくは真剣《しんけん》です。それは、日本はこの数十年の間、何かをまちがってきたと考えているからです。

最もひどい症状《しょうじょう》は、「働けない大人を量産してしまったこと」です。いわゆる長期ひきこもりの大人が、二〇一〇年七月内閣府の発表でも七〇万人。家族で会社をやっているようなところで、名前だけ社員で給与《きゅうよ》も出ているけど実際は働いていない人など含《ふく》めると、実際は三〇〇万とも四〇〇万とも言われています。この数は、すでに大人として生きている誰《だれ》に聞いても、「ああ、○○さんとこの息子さんね」と、みんなが身近な人の中で具体例を挙げられるということです。一所懸命《けんめい》育てたのに自立していなかったとしたらご両親も気の毒ですが、誰《だれ》よりもひきこもった本人こそがかわいそうですね。一度きりの人生なのに。

大きな会社で人事採用や研修を担当している友達もいるのですが、異口同音に言うのが、「コミュニケーション力のない人間が増えたねえ」「ちょっとしたことで、すぐやめちゃうんだよ」ということです。国全体としても、インド・ブラジル・中国など躍進《やくしん》する国々の陰《かげ》で、経済も学力もじりじりと地盤沈下《じばんちんか》し、文化の発信という面でも「韓流《はんりゅう》」の勢いなどに圧倒的《あっとうてき》に押《お》されています。

それはそうでしょう。生身の人間関係を負担に感じる人が多い国、働かない大人を量産するような国が、発展するわけがありません。

この本は、そういう問題に対する解答のひとつでもあります。もちろん、問題の裾野《すその》は広くて、核《かく》家族化と地域力の崩壊《ほうかい》の中で、家族機能が低下しそれぞれが孤立《こりつ》し、人を育てるいちばんの基礎《きそ》である家庭での育成力が落ちてしまったこと、公教育のシステムが老朽化《ろうきゅうか》し、時代のニーズに応《こた》えられないものになってしまったこと、ゲーム・携帯《けいたい》・ネットの発達で、ただでさえテレビの影響《えいきょう》で落ちたと言われているコミュニケーション力が、ガクンと落ちてしまったこと……、いろいろとあります。

ただ、どれもすぐに手をつけなければならない課題としても、そうそうすぐには変えられない。そして「変えるのが難しい」と言っている間に、いままさにこのときも子どもたちはどんどん育ってしまっている。そんな中で、誰《だれ》か大人が、「その船に乗っていては滝《たき》に落ちるだけだよ!」と、大声で話しかけなければいけないと思うのです。

ぼくの意見がいちばん正しいと言うつもりは、まったくありません。むしろ、同じようにいろんな大人が、自分の経験を踏《ふ》まえて、自分の言葉で、「厳しい人生を生き抜《ぬ》くためにはこうすべきだ」ということを、それぞれに「本音で」語ったほうが良いと思います。「人を傷つけてはいけない」「人の嫌《いや》がることをしてはいけない」という教えを鵜《う》呑《の》みにしているだけでは、まったく立ちゆかない。だまそうとする人が近づいて来たり、暴力・ひどい言葉など「なんでそんなことをするんだろう」と思うことを平然としてくる人がいるのが、普通《ふつう》の世の中なのであって、だけど必ず魅力的《みりょくてき》で良い人も大勢いるからくさらずに理不尽《りふじん》をはねのけて生きていけ。大人みんなが、口に出して言うべきだと思うのです。

この本では、キミが「メシが食える大人」になってくれることを目指して、中学高校時代にぶつかりそうな壁《かべ》や悩《なや》みや落とし穴などへの考え方と自分を鍛《きた》える視点などを書いてみました。一人のおっさんの一意見ですが、すばらしい青春、すばらしい人生の一助になってくれれば幸いです。

花まる学習会　高濱正伸《たかはままさのぶ》

contents

第一章　人に強くなる

第二章　自分を磨く

第四章 学ぶ

カバーデザイン／鳴田小夜子（KOGUMA OFFICE）
カバーイラスト／みずす
表紙・本扉デザイン／名久井直子
本文イラスト／北村人

第一章　人に強くなる

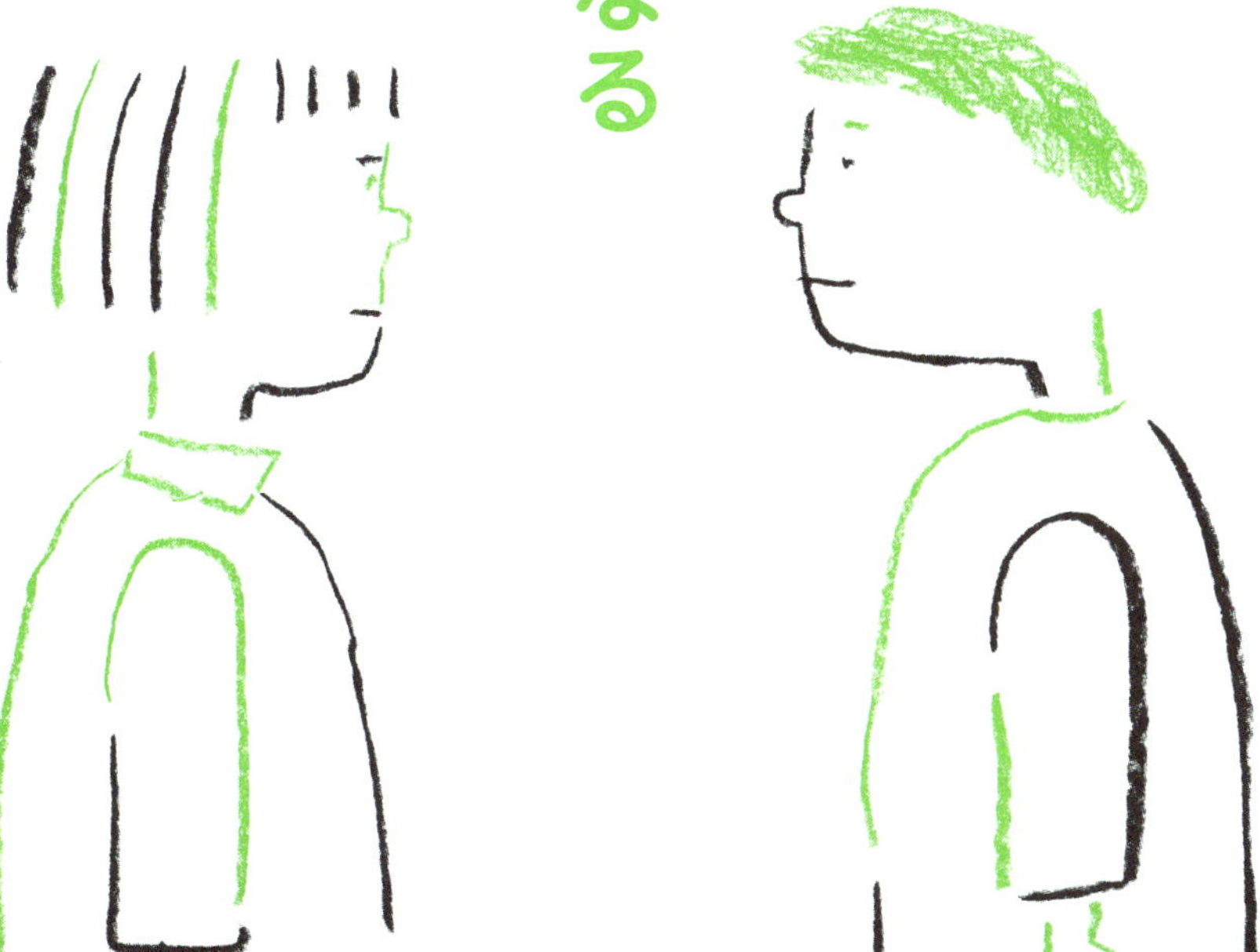

1

合わない、と言わない

世の中に嫌なヤツは、いっぱいいる

この本を読んでいるキミは今、十二歳から十四歳くらいでしょう。つまり、あと十年くらいあと、普通《ふつう》は二十二歳になると社会へ出て行くことになる。

まず、キミに言っておきたいのは、二十二歳から先というのは「荒波《あらなみ》」だってこと。

荒波《あらなみ》っていうのは、たとえば、「せっかく結婚したのに相手とうまくいかない」とか、「就職した先の上司が嫌《いや》なヤツだ」とかっていうことだ。

つまり、「なんでこんなことを言われないといけないんだろう」と理《り》不《ふ》尽《じん》に感じるようなことや人に出会うことが、この先たくさんある。

でもね、それが普通《ふつう》なんだよ。その荒波《あらなみ》を生き抜《ぬ》くことが、生きるっていうことなんだ。

驚《おどろ》くかもしれないけど、この「荒波《あらなみ》の世界」にこぎ出してから困っている大人たちがたくさんいる。つまり、社会に出てから生きていけない大人たちが大勢いるっていうことだ。

そういう大人たちがよく言うのが、「合わない」というひと言。

「あの人とは合わない」「あの会社とは合わない」「あの上司とは合わない」なんて言って、自分から社会に出ていくことができないんだな。

なぜこうなってしまうかというと、二十二歳になる前の時点で、まちがった教育を受けているからなんだ。「話せばわかる」とか、「人の嫌《いや》がることをしちゃいけません」といったことばっかり教わってきたからだ。

話すことは大切だし、人の嫌《いや》がることはしないほうがいいに決まってるんだけど、何が問題かというと「話したって通じないことなんてざらにある」し、「こっちがしなくても、平気で嫌《いや》なことをやってくる人がいるのが世の中だよ、簡単にめげるなよ」ということを教えてもらえなかったことなんだ。

それで結局、少しでもうまくいかないとイヤになってしまって、「あの先生とは合わない」「あいつとは合わない」って関係を断ち切ってしまったんだな。本当は、ぶつかり合って、そのうえで仲良くならなきゃいけないのにね。

なんとか合わせていくのが、生きること

キミたちに今、いちばん伝えたいのは、「嫌《いや》なことをしてくる人がいっぱいいるのが人生だ」ということ。そもそも「合わない」んだから、それをなんとか合わせていくのが生きるってことの中心にあるってこと。

そして、嫌《いや》なことがあっても、それをはねのける人になってほしいってことなんだ。これは、学校ではあまり教えてもらえない。

この本では、二十二歳から先をしっかり生き抜《ぬ》いていくために、中学時代・高校時代がどれだけ大事か、っていう話をしていこう。

「嫌《いや》なヤツ」はどこにでもいる。だから、ぶつかり、仲良くなれ！

2

親をいたわれ

カチンと頭にくるのが、当たり前

最近、お母さんやお父さんからあれこれ言われると、「今、やろうと思ってたのに！」なんてカチンときてしまう、っていうことはあるだろうか。

もしあるとしたら、それは健全な証拠《しょうこ》だよ。十一歳くらいになったら、いちいち言われたくないと思うのは正しい。ただし、そこで反発しないでほしい。

キミの頭脳は今、右肩《みぎかた》上がりにビューンと成長している。これからももうちょっと上がる。

でも、お父さんやお母さんの頭脳はというと、逆に下がってきているわけ。十一歳であるキミの頭脳が、下がってきたお父さんお母さんのそれをちょうど抜《ぬ》いたくらいなんだ。

だから、「お母さんの言っていること、おかしくない？」って感じることがいっぱいあるでしょ。途中《とちゅう》から話の脈絡《みゃくらく》がなくなっちゃってたり、どう考えてもこちらが正しいのに、お母さん本人はものすごくカッカしている、っていうようなことがさ。それは、もうキミが、お母さんの頭脳を抜《ぬ》いてるってことなんだ。

親はキミよりも弱い存在

だからこれからは、お母さんやお父さんをいたわってほしい。

ぼくも実は十二歳のときに、そういうことが書いてある本に出会ったんだ。ちょうど母親からあれこれ言われるのが嫌《いや》になっていた時期だったから、その本を読んでからはすごくやさしくできた。「いたわる」という目でみると、腹は立たないと思う。何か言われても「はい、そうだね、お母さん」ってね。
これまでキミを、十分に育ててきてくれたお母さんなんだから、やさしい気持ちで。十三歳を過ぎたら親はいたわる。なんだか大らかな気持ちになれた気がしない？　これから先は、自分で自分を叱咤《しった》して鍛《きた》えるときだよ。

親は
キミよりも弱い。
だから、
いたわろう！

第一章　人に強くなる

3 異性を学べ

中学・高校時代は本来、恋をするし、お付き合いもある時期だ。キミにも、好きな子がいるかもしれない。

そこでもし、「恋愛とか、そういうのは別にいいです」っていう偏《かたよ》った態度で、異性との付き合いがまったくないままきちゃうと、二十二歳から先の「荒波《あらなみ》の世界」で、ものすごく困ることになるんだ。実際、三十代、四十代のおじさん、おばさんたちが今、困っている。だから、男の子だったら女の子、女の子だったら男の子について、それこそ「勉強」するつもりでいてほしい。

大人たちが、どういうことで困っているかっていうと、まず、結婚できない。自分から動けないいんだな。

そしてもうひとつは、結婚したあとのこと。ただ恋をしているときは、相手のスタイルや顔だけでほれちゃったり、見た目がカッコいいなってことだけでいい。でも、恋愛と、結婚してからの生活とはまったく別のものなんだな。

マメな男の子がモテる

キミたちのお父さんお母さんの世代が、結婚生活になぜ困っているか。

「お父さんが話を聞いてくれない」っていうようなことを、お母さんが言っているのを聞いたことがある人はいる？

いるよね。それは、男が女、女が男というものをわかっていないから。

よく考えてほしい。男と女は、まったく別の生きものでしょ。身体《からだ》からして違《ちが》う。もう、犬と猫《ねこ》くらいにね。でもお互《たが》いを好きになる。一緒《いっしょ》にいたくなるわけだよ。だから一緒《いっしょ》にいるためには、相手をわかろうと歩み寄る気持ちが大事なんだ。

まず男の子に言うと、女の人を論破しちゃだめ。よく男がやっちゃうのが、恋人が話しているときに「違《ちが》うだろ！　今はこの話をしてるんだろう！」みたいなことを言っちゃって、嫌《きら》われるというケース。

女性は、相手に論破してもらうことなんて求めていないからね。結論が欲《ほ》しいわけじゃないんだ。この、「結論を聞きたいわけじゃない」という女性の心理が、男にはまったく理解できない。

ぼくはよく女性から悩《なや》み相談をされるけれど、「こうすればいいんじゃないですか」とさっさと結論を伝えてみると、「そういう話が聞きたいわけじゃないんです」と冷たい態度で言われてしまう。

女の人はずっと聞き続けてほしいだけなんだ。気づいてほしいし、気づかってほしいし、共感してほしい。だから、小さなやさしさや小さな気づかいをたくさん表せる、マメな男の子のほうがモテるよ。

女の子が男を〝育てる〟

次に女の子はというと、やっぱり「男って子どもだな、ガキだな」と思って幻滅《げんめつ》しちゃうことが多い。ちょうどこのくらいの時期、女の子のほうが大人びているからね。

男は、ずーっとガキだよ。五十歳になっても。ぼくもガキ。いつまでたっても勝負ごとが好きだし、野球で勝ったときには、女性からすると「そんなことの何がうれしいの？」っていうくらい、「やったー!!」って喜んじゃう。そういうことが好きな生きものなの。もともとが、そういう性質なんだよ。そしてこれは、しようがない。

だから女の子は、そういう男の子の持つ子どもっぽさを、ヨシヨシとしてあげてほしい。男は、女性が育てるもの。子どもっぽさに幻滅《げんめつ》しないでほしいんだ。

男と女は犬と猫くらい違う生きもの

結婚生活はいいものだよ。

たとえば、このあいだぼくは、東京で集まりがあった関係で、独りで夕飯に牛丼《ぎゅうどん》を食べていたんだ。ものすごくさびしいと思った。「なんだ、このさびしさは!?」っていうくらいにね。独りきりで食事をするのが本当に久しぶりだったから。

やっぱり長年家族で暮らしてきたから、一緒《いっしょ》に食べるほうがいいな、ってつくづく思った。でもその家族を維持《いじ》するためには「異性とは何か」ってことをわかろうとする気持ちが不可欠なんだ。

ここまで言ってきたことを意識しているだけで、相当違《ちが》うよ。異性に対して、「自分とは、犬と猫《ねこ》くらい違《ちが》う生きものなんだ」ということを痛感して付き合って、いっぱい「勉強」した人のほうが、あとあと幸せになれるよ。

4 ふられてもだいじょうぶ

一線を守りつつ、異性とはいっぱいお付き合いしてほしい。好きな人がいたら、どんどん告白してほしい。広く付き合っている人のほうが、結局はいろいろな経験を積んでいるわけだから。そして……、ふられてください。

ふられる経験って大事だよ。もう、死にたくなるくらいつらいけれど。

ぼくは実はモテたんだよ、高校のときは野球部だったし。でも、三十歳を過ぎて、初めてふられました。本気で友達に心配されて、もう立ち直れないんじゃないかっていうくらいの激痛だったけど、それは、生きているという証《あかし》なんだ。

ぼくが心配してるのは、ゲームに走ったりネットに走ったりしちゃうこと。

つい先日も、とある男子中高一貫《いっかん》校に行ったら壁《かべ》新聞があって「うちの学校、彼女いる率何％？」なんて記事があった。どれどれと見たら、二〇数％は「いる」っていう。まぁ、そんなものかと思ってよく読んだら、そのうち半数以上が「二次元の彼女」って書いてあるじゃない。ガク然としたよ。そんなの「彼女」っていわないぞ。画面の女の子にうつつを抜《ぬ》かして、肝心《かんじん》の生身のお付き合いをしたことない大人になるなよ。

断言しよう。ふられてもだいじょうぶ。その分、将来は輝《かがや》くと信じてほしい。

好きな子に
ふられることを
恐《おそ》れるな！

5 気づかう側に立つ

相手のせいにして甘えるな

中学生の頃《ころ》って、うまくいかないことがあると、自分じゃなく他の人のせいにしてしまいがちだよね。

具体的に言うと、仲のいい友達とケンカして口をきかなくなったり、家族に嫌気《いやけ》がさしたりというような、「なんでこうなっちゃったんだろう」と思うようなことに対して、「あいつが、ああいうヤツだからだ」とか「母親が、ああ言ったからだ」とか、なんだかんだ理由をつけてすませちゃう。自分ではない、「誰《だれ》か」のせいにする。

実はそれって、相手のせいにしている限り、「かわいそうな自分」「あわれな自分」でいられるから。自分で自分を慰《なぐさ》められるからなんだ。

だけど、はっきり言って、甘《あま》えている。

キミには、たとえうまくいかない状況《じょうきょう》、マイナスな状況《じょうきょう》であっても、それを自分でプラスの方向へ持っていける人になってほしい。甘《あま》えから脱却《だっきゃく》してほしい。

自分から進んで気づかう

そのために何をすればいいかというと、実は、相手の側に回ってあげることなんだ。相手の気持ちをくんであげるということさ。

自分が嫌《いや》な気持ちでいるとき、誰《だれ》かのせいにしてしまいたくなるとき、相手だって同じ気持ちなのかもしれない。だとしたら、こちらが相手の立場にたって、相手がうれしくなるようなプラスの言葉をかけてあげればいい。慰《なぐさ》められる、気づかわれる側にいつまでもいるのではなく、自ら気づかう側に立っていくということだ。

「そうはいっても、実行するのは難しそうだなぁ」と思うかもしれない。

でもふつう、社会人になったら自然にできていなきゃならないことだ。キミはまだ中学生だけど、「自分から進んで気づかう側に立つっていうことが必要なんだ」って、なるべく早く気づいてほしいと思って伝えるよ。

ものは試《ため》し。「一日限定」っていう感じで、「今日は気づかう側に立つぞ」と、自分に言い聞かせて行動してみるのもいいかもしれないね。

思いっきり
相手を喜ばす、
そんなカッコいい
ヤツを目指せ！

6 おいしかったら「おいしい」と言おう

「おいしい」

お母さんを支える言葉だ。

料理の経験がある人はわかると思うけれど、自分の作ったものを「おいしい」と言ってくれると、作り手は素直にうれしいでしょう。ほめられるとうれしいよね。

つまり、自分のしたこと、自分ががんばってやったことを、ちゃんと言葉にして言われるのって、うれしいんだ。がんばった部分を認めてもらえると、がんばってよかったなと思う。

キミたちも、テストに向けて猛《もう》勉強したとき、先生から、

「先生はわかるぞ。おまえ、今回のテストはがんばって勉強したんだな！」

と言われたら、うれしいでしょう。自分自身で力を入れたのと同じ部分をほめられると、いい気持ちになる。

キミの年齢《ねんれい》を考えると、まだまだほめられたい頃《ころ》だろう。

だけど、これはお互《たが》い様だから。常日頃《つねひごろ》、人に対して「○○がんばってるね」「〜してくれてありがとう」と言葉にしてあげることは、大事な作法、相手への感謝の気持ちになる。

お母さんは、キミに食べてもらうために作ってくれている。

だから、キミに「おいしい」と言ってもらうことが、何よりもうれしいんだ。

相手への感謝の
気持ちを素直に
表そう!

7 目の前の人がほほえむように

今、目の前にいる人に全力を尽くす

ぼく自身の話からしよう。

十代のころ、雑誌や本で有名人の青春時代の話なんか読むと、えらくすごそうに思えて「おれって、こんないないなかで平凡《へいぼん》だなぁ」なんて思っていた。

今ふり返ると、メディアの力の前に等身大の自分を見失ってたってことなんだけど、テレビに出る人や作家がやたら大きく見えちゃう時期なんだな、中学時代って。

遠くにいる「すごい人」と目の前の「普通《ふつう》の人」。これ、大いなる勘違《かんちが》いだから。人生って、与《あた》えられた条件の下《もと》で、全力を尽《つ》くして楽しみきることしかない。

いつか来るかもしれないスーパーマンを願って空想にひたるのでなく、「今、目の前にいる人に全力を尽《つ》くす」ことが大事なんだ。

ぼく自身二十歳くらいのころ、それを思いたって、その後ずっとその姿勢でやってきてるよ。


たとえば、友人夫婦と三人で一緒《いっしょ》にいるとき。

そこまで笑わせなくてもいいだろうっていうくらい、その奥《おく》さんを笑わせていた。ふつう、女の人を笑わせるときって口説《くど》いているニュアンスが多少なりともあるわけだけど、このケースでは見返りなんてないでしょう。

「なんでおれ、ここまでやるんだろう……」と内省しちゃうくらい、徹底《てってい》していたな。何かを得られたわけじゃないけど、ぶれずに続けるっていうことで、どこにいっても目の前の人を笑わせることができるようになった。

その人を幸せにすることに全力を尽《つ》くすと、結局自分がよくなる。器《うつわ》が広がる。

ギブ&テイクではなく、ギブ&ギブなんだけど、当面、若いうちはそれでいいと思うなぁ。

三勝七敗でいい

ほかのどこかでがんばろう、じゃなく、今、目の前にいる人を笑顔にしてみてほしい。五歳の子どもが前にきたら、遊んであげるっていうことだ。これが、社会に出てからだと、どうなるだろう。

たとえば、就職先のメンバーが、あまり魅力的《みりょくてき》ではなかったとする。こんなとき、ほかにもっとおもしろい仕事があるんじゃないかなと思う前に、その職場で「あなたといると楽しいね!」と言われる状態をつくってみるべきだ。

どんな内容の仕事を選ぶか、ではなく、与《あた》えられた場所で何をやるか、こそが大事なんだ。「居合わせた場面で活躍《かつやく》する」っていうことを、繰《く》り返していこう。

実際、すべてがうまくいくとは限らない。三勝七敗でいいんだ。三勝のときは、本当に楽しいことが起こるだろうね。それが、人生を楽しくする。

今いる場所で
ベストを
尽《つ》くせば、
道がひらける！

コラム① 冒険

中学になったら自分なりの「冒険」みたいなものを経験してほしい。むしろ、せずにはいられないっていう感じがあるんじゃない？

ぼくは中一のとき、急に思い立った。熊本県の人吉《ひとよし》市という町から親戚《しんせき》のいる松橋町《まつばせまち》まで、百キロ近い道のりを自転車で行くことにしたんだ。

「標高の高い町から海沿いまでだから、まあだいじょうぶかな」って気楽に出発してみたら、その道がものすごく高低差があってさ。ヒーコラヒーコラ言いながら、必死で自転車をこいだ。

やっと遠くに、中間地点の八代《やつしろ》市が見えてきたときのうれしさっていったらなかったなぁ。

親戚《しんせき》のおばさんたちも「はあ!?　自転車で来た!?」ってあきれた反応でさ。今から思えば、その後のぼくの性格の片鱗《へんりん》がうかがえるよなぁ。

「思いついたら、とにかくやっちゃえ！」というぼくの傾向《けいこう》は、絶対に幼少期の遊びからきているなと思う。人がやらないところまでやっておもしろい、人が思いもつかないことをやってやろう、っていうような考えで動いていたんだな。

この自転車百キロ完走は、誇《ほこ》らしい経験として残っている。小さいんだけど、忘れられない、確実な成功体験なんだ。今は安全について厳しい目があるから、やるときにはヘルメットも必要だし、気をつけてほしいと思うけどね。

ぼくの教え子でも、同じようなことをした子がいた。千葉県の松戸《まつど》から、おばあちゃんの家まで自転車で一人で行ったんだ。思いついたままに出発して、夜になっても帰らないのをお母さんが心配して探しまわったら、なんと東京都の八王子《はちおうじ》にいた。

道中の話を聞いてみると、お金がなかったから、自販機の下に落ちているコインを探してペットボトルの水を買い、それもなくなったら公園の水道から水を入れて……って、自分で工夫してなんとかしのいでいたんだって。見どころあるなぁ、と思う。

冒険って、やっぱりおもしろい。未知の部分にどんどん踏《ふ》み入《い》っていく喜びがある。

第二章　自分を磨《みが》く

8 きついほうを取れ

日常的に、誰《だれ》かと一緒《いっしょ》に何かをやるっていうことはよくある。

たとえば、二人で分担して机とイスを運ぶ、なんていうとき、たいていの人は楽なほう、軽いほうを取りたがる。

でも、そこで大変なほう、重そうなほうをパッと選べる人は、社会に出てからも活躍《かつやく》できる。

これは、口で言うのは簡単なんだ。でも、実際にやろうとすると相当難しい。いつでも、自分を律していかなきゃならないからね。

これを徹底《てってい》して実行していたのが、政治家志望で「高濱《たかはま》さんのもとで、3年間だけ鍛《きた》えてください」と言って入社してきた、K君だった。「きついほうを取れ」の哲学《てつがく》を持ち続けて行動しているんだ。どんなに大変なことがあっても絶対に愚痴《ぐち》を言わないし、机とイスを運ぶなら、必ず重いほうを選ぶ。二種類の仕事があったとして、必ず大変なほうを取る。だから、とても人望が厚かった。

人はキミの行動しか見ようとしない

こんなふうに、物事に対して「よし！　きついほうを取ろう！」と言えるか。

ここは本当に大事なところで、そういう人は周りが「あいつ、いいよね！」「がんばってるよね！」と見るようになる。

人は、その人の行動しか見ないからね。行動で見せていく人は引き立てられて活躍《かつやく》していくし、社会での居場所もできる。そういう人って、「今、自分は楽しているなぁ」と感じると、気持ち悪さすら覚えるはずなんだ。

人は
自分の行動だけで
判断される！

9 部活はいいぞ

先輩とのタテ関係

中学に入ったら、部活をぜひやってほしい。

なぜなら、タテの関係ができるから。これが大事。

ぼくは、高校では野球部に入っていた。練習は本当にきつくて、気を失いそうになっても水をかけられて「もっかい走ってこい！」って言われる。ぼくは、もともと野球が苦手だったんだ。それでも、つらい練習をやり抜《ぬ》けたのは、先輩《せんぱい》の存在が大きい。

その先輩《せんぱい》たちは絶対に嫌《いや》なことを言わないし、いろいろなことを教えてくれるから、練習が終わったあとに話すのが楽しかった。すごく慕《した》っていたから、教科書にその先輩《せんぱい》たちの名前まで書いていたくらいだった。

教えてくれたのは、野球のことだけじゃなかった。夏の合宿が終わって、先輩《せんぱい》たちとうどんを食べていこうってことになったんだけど、そこで「ナンパば教えてやる」ってレクチャーが始まった。「必ず向こうは誘《さそ》われたがってる」ってまず言われて、あとは「あきらめるな！」って、それだけ！

ある先輩《せんぱい》は、本当にその場でやってみせてくれた。うどん屋のとなりのお好み焼き屋のアルバイトの女子高校生だったたね。

ぼくは、中三のとき生徒会長で優等生で通っていた。だから、校内では何かと正論を振《ふ》りかざさないといけない立場だったんだよね。だから、高校に入って尊敬できる先輩《せんぱい》たちとのタテ関係の中で、少しずつそれまでの壁《かべ》を越《こ》えていった感じがしたな。

一度始めたら、簡単にはやめない

身体《からだ》を鍛《きた》えるっていう意味ならば運動系がいいけど、文化系の部活でも、吹奏楽《すいそうがく》なんかをやっている人は、社会に出てからも活躍《かつやく》しているなと思う。吹奏楽《すいそうがく》って、ほかのパート、ほかの楽器と合わせてみて初めてハーモニーが生まれるわけだから、他者への配慮《はいりょ》が自然と身につくんじゃないかな。

とにかく、何でも好きなものに打ち込《こ》んでほしい。ただし、条件はある。

一度始めたなら簡単にやめないこと。始めてはみたけど「レギュラーになれない」なんて言ってすぐにやめちゃったり、中途半端《ちゅうとはんぱ》に終わるのがいちばんよくない。中学、高校でそれぞれ、「ぼくは○○をやりました!」と言えるものがひとつあることが大事なんだ。

これは社会に出てからも一緒《いっしょ》。本当のプロになれる人は、継続力《けいぞくりょく》がある。少しくらい思いどおりにならないからって、あきらめちゃだめだ。

10 大好きを極《きわ》めよ

ひとつでもいい。大好きなものをつくってほしい。それが、得意にできれば、なおいいね。

たとえば、「部活でテニスを極《きわ》めたから、テニスが得意です」というのもいいし、絵が上手、字が上手とか、作文が上手《うま》いとかね。

「ぼく（わたし）は、これが大好きだ！」というものがある人って魅力的《みりょくてき》だよね。

ぼくの場合は、歌かな。中学生の頃《ころ》も、何か歌うと「ビートルズに似てるね」なんてほかの子に言われて、それだけで友達になったり。女の子にほれられたっていうこともあった（笑）。

そういう、「これなら！」というものを持っている人が、二十二歳以降、社会に出てから活躍《かつやく》していると思う。

それは、そのことやもので活躍《かつやく》できているということではなくて、人間にとっていちばん大切な自信、自己肯定感《こうていかん》の芯《しん》になるからなんだよね。

世界には、いい音楽、いい映画も山ほどあるよ。アンテナを張って、大好きなものに出会ったら、のめり込《こ》んでみてほしいな。

「これだけは！」という、自分が大好きで得意なものを見つけよう！

11 友人は大切に

思春期の友人って、一生の宝になる。

ぼくの経験では、部活も含《ふく》め、中学の友達よりも、高校時代の友達と一生続いている人が多いなと思う。だから、中学は、親友を見つける高校時代に備えた自分を鍛《きた》えておく期間だととらえてもいいんじゃないかな。

中学時代って、まだお互《たが》いが子どもだから、友達どうしで裏切り合ったり、傷つけ合ったりすることもある。でも、高校ではある程度大人になっている分、そういう幼いところが少ないなと思う。

ぼくは、熊本県立熊本高校という学校を卒業したんだけど、この学校は卒業生どうしのつながりがとても強いんだ。一学年五百人くらいの卒業生がいるけど、三百人くらいがいまだにメーリングリストでつながっている。

たとえば、「うちの子どもの、こういうところに困っているんだけど」という卒業生がいたら、ぼくも返事を書く。「子どもが病気です。助けてください」という人がいたら、医者になった人が、「○○病院がいいよ」とアドバイスをくれたりする。

ぼくも会社をおこしてから二、三回ほど経営が危ないときがあったけど、そのときも弁護士の友人たちがアドバイスをくれて、助けてくれたんだ。お金じゃなく、友情で助けてくれる。これってすごいよね。

だから、お互《たが》いを高め合う人の集まった高校へ行って、いい友達を見つけられたら、それはまちがいなく財産だよ。友達こそは、本当に大切にしてほしい。

親友と出会うために
高校へ行く、
と考えてみる！

12

論より行動を

切って捨てる態度はカッコ悪い

テレビや新聞なんかのメディアに載《の》っている人、たとえば政治家とかを「あいつ、ひでえよな」なんて言って切り捨てる人って、よくいるでしょう。そういう人には、「じゃあキミは、ハーバード大学へ行って、それから総理大臣になれるのか」って聞いてみたい。国会議員にだってなるのは難しいよ。その政治家が、それまでどれだけ苦労してきたのか、ということへのイマジネーションがないし、リスペクト（敬意）もないんだよ。

自分以外の何かを「ひでえよな」って言っているとき、その人自身は傷つかない安全なところにいるんだよね。そんな場所から、会ったこともない人のことをあれこれ言う。甘《あま》ったれたポジションからの、甘《あま》ったれた行動だ。人間ってみんな弱みがあるから、そういうことで気晴らししてしまうのかもしれない。

でも、キミみたいな志ある若者には、「そういうことをするな」と言いたい。誰《だれ》かれかまわず切って捨てるという思い上がった心でいる限り、将来見込《みこ》みがないよ。

自分には何ができるのか？

事を成す、尊敬される仕事をする人は愚痴《ぐち》を言わないし、くだらないことで他人を切って捨てたりなんかしない。もちろん、自分に自信があるから、「おれならこうやる」と、自分なりの方法を言うことはあるだろうけれどね。

中学生のキミには、「自分には何ができるのか」という問いを自分自身につきつけてほしい。すると、気づくはずだ。自分は、何があっても愛してくれる親のおかげで食べさせてもらえて、学校にも行かせてもらっている、本当に弱っちい存在なんだってことにね。今まで、たったの一円も稼《かせ》いだことがないということを思い知るだろう。一人でメシを食って自立して生きていく、ということって大変なんだ。だから、謙虚《けんきょ》さがすごく大事なんだよ。

口先だけ、は恥ずかしい

いいことだけ言う、口先だけのヤツはいっぱいいる。

でも、結局試《ため》されるのは行動なんだ。キミの年代でいえば、具体的には、定期テストや入試で結果を出していくこと。そのために、「こうやって、こうやれば通るよね」みたいな受験のノウハウをいうことより何より、いちばん大事なのは、「今日の一問に取り組めるか」なんだ。

「一問に真剣《しんけん》に取り組む」っていうのは時間がかかるし泥臭《どろくさ》い。時間をとって一所懸命《けんめい》やってみても、「たったこれだけの分量しかできないのか」ってことに気づくわけ。

そういう泥臭《どろくさ》い作業をやれてもいないのに「こうすればいいんだよ」なんて知ったかぶりの言葉を言うのは、本当に恥《は》ずかしい。勉強ひとつでも、「伸《の》びる」っていうことは、今日の一問をズルしないで本当にしっかりわかるっていうことでしょう。口だけの人って、そういう丁寧《ていねい》な行動ができない。

もちろん、誰《だれ》もがさっさと結果を出したいと思う。でも、直面しなきゃならないことから逃《に》げちゃだめだ。

学校のことを四の五の言うんじゃなくって、「今日、この一問に集中する」っていう行動以外に、できるようになる道はない。周りを論評している暇《ひま》はないんだよ。人様のことを言いそうになるとき、

「おまえはどうなんだ」

「自分は本当にできているのか」

そういうことを自分につきつけてごらん。

行動で見せる

社会に出てみればわかるけど、学校みたいな「ぬるさ」はまったくない。会社の上司からの評価は、行動のみ。朝早く来る、任せたことを徹底《てってい》してやれる、考えて動いている……言葉じゃなく、やったことでしか、評価されなくなる。

よくいるのが、月に二回は遅刻《ちこく》するくせに、待遇《たいぐう》のことをいろいろ言う人。自分のことを棚上《たなあ》げして、人や会社のいたらないところを指摘《してき》しているだけ。一人前の社会人の行動がとれないうちに批判してしまうという、現代にはびこった病だね。

昔は頑固《がんこ》おやじが会社にもいて、「ガタガタ言わずにやるんだよ、若いうちは！」と言われた。今は、ガタガタ言っちゃう。

社会人になったら、行動で評価される。そのことを今のうちからわかっているだけでずいぶん違《ちが》ってくると思うな。「いいことを言う」のではなく、「よい行動をとる」ように心がけよう。

目の前の一問に
真剣《しんけん》に取り組めるか、
その姿勢が人生を
決めていく！

13 大笑いしよう

笑いっぷりに、その人が表れる

「笑い」って、生きていくうえでの、ものすごく重要なキーワードなんだ。

笑っているとき、その人が表れるなと思う。心の底から笑っている人って、見ればすぐわかるでしょう。そういう人って、愛されているし、考えている人だと思う。人間力がわかる。笑いって、最高に知的な活動だからね。考えていない人って、ちょっとしたことをおもしろいとは思えないんだろうね。

キミには、周りから「あぁ、こいついいなぁ。付き合いたいなぁ」と思われる人になってほしい。その最大の武器は、笑いだ。人を笑わせることでもあるし、笑いっぷりでもあるよ。

笑いっぷりがいい人って、信用したくなっちゃうでしょう。少なくとも、良い人なんだな、とは思う。逆に表情がなくて、能面の人ってこわい。人って、笑顔を見ると安心するんだね。だから、大笑いする人って、それだけで人を魅了《みりょう》してひきつける。

何ごともおもしろがって、笑いを生み出せ

笑わせることが上手な人になろう。

なんにもないところから、おもしろがって、笑いを生み出せる人っていうのはまちがいなく魅力《みりょく》がある。ただ正論を言われたって、人は絶対に寄ってこないんだよね。「ああそうですか」って、そこでもう離《はな》れたくなる。

でも、笑いにのせていろいろなことを人に伝えられるような人には、みんな寄っ

てくる。何かを伝えるとき、いつもちょっとしたユーモアをまぶせるようになってほしい。

女性を見ていても、笑いの大切さはわかるよ。どんな男がモテるかって、背が高いとかイケメンだとかっていう外見の要素がないわけじゃないけれど、実際に女性がいちばんひきつけられているのは笑いをとれる人でしょう。別にすごくおもしろくなくたっていいんだけど、「笑わせようとしてくれている」っていう、もてなしの気持ちがうれしいんだろうね。

笑わせ上手になるためには、まず、

①笑いをとるのが上手な友達と付き合って、鍛《きた》え合うこと。

②トップの笑いに触《ふ》れること。喜劇、コント、落語。落語でいったら、*志《し》ん生《しょう》なんてもう、別格のおもしろさ。志《し》ん生《しょう》、*志《し》ん朝《ちょう》、*小三治《こさんじ》の三人だね、絶対のおすすめは。大事なのはネタじゃなく、「間《ま》」とか「空気」なんだ。なんにもしなくても

おもしろい人っているでしょう。そういうのをぜひ感じて、身につけてほしい。

＊古今亭志《ここんていし》ん生《しょう》（五代目、一八九〇〜一九七三）、古今亭志《ここんていし》ん朝《ちょう》（三代目、一九三八〜二〇〇一）、柳《やなぎ》家《や》小三治《こさんじ》（十代目、一九三九〜）はすべて落語家。

人を笑わせようと
する人は、
人から好かれる！

14 何に傷ついたかを考える

落ち込んだ理由を言葉にしてみる

キミくらいの年の頃《ころ》って、落ち込《こ》んだり、ユーウツになることはしょっちゅうある。それはとても健全で、当たり前の成長段階だからだいじょうぶだ。落ち込《こ》んでいい。

だけど、ここでひとつ、落ち込《こ》みすぎないコツみたいなものを伝えておきたい。

それは、「なぜ、自分はこんなに、がっくり落ち込《こ》んでしまっているんだろう」と、落ち込《こ》んでいる理由を正確に言葉にしてみること。これをやっているうちに、意外と悩《なや》みから抜《ぬ》け出していることが多いんだ。

ひどく気落ちしたときって何も考えたくないから、漠然《ばくぜん》とした気持ちのままになってしまう。でも、よくよく考えてみると、いちばん底にある落ち込《こ》みの原因って、たとえば、「好きな子が、バスケの試合で自分以外の男の子を応援《おうえん》していた」っていう、たったそれだけのことだったりする。「なんだ、こんなことがひっかかってたのか！」ってわかる。

初めはつらいけど、直視して書いてみることで、逆に楽になるんだね。「日記を書こう」（１４８ページ）ともつながる。

カッコつけない、自分に正直になれ

自分に本当に正直になるっていうのは、こういったことを見極《みきわ》めることなんだ。見極《みきわ》めを続けるうちに、自分って、本当に単純なところで落ち込《こ》んだり、うれしくなったりするものなんだってことに気づく。

逆に、なぜ落ち込《こ》んだりしてしまうのかがいつまでもわからないとつらい。有名な心理学者も言っているけれど、マイナスな気持ちの原因を見極《みきわ》められていないから不安定になるし、イライラしてしまう。

自分に正直になるには、ある程度の力量がいるよ。しかも、マイナスな気持ちの本当の理由がわかったら、それに向き合わなきゃいけない。自分に足りないものをどうするか、って考えなきゃならない。

人って誰《だれ》でも、自分を自分でだましたいような、いいカッコしたいっていう気持ちを持っている。自分の足りない部分、いたらない部分を直視するのはつらいからね。

それでも、自分の姿を知っていて、カッコつけないっていうのが大事なことなんだ。相手に認められないっていうのは、相手の気持ちしだいだからどうしようもない部分もある。でも、何が原因で落ち込《こ》んでいるのかをはっきりさせておくことは、とても意味がある。

落ち込《こ》む理由は、シンプルなものばかりだ。

一つ例を挙げると、弟や妹のほうばかりお母さんがかわいがっていることをすごく根に持っている子とかって多いんだよ。自分には厳しく言うくせに、弟たちには甘《あま》いって。

そのうちに、お母さんにかわいがられていない、認められていないということがいちばんつらいんだってわかってくる。つまり、人は根本的に、認められたい生きものなんだな。

自分にだけは、
ウソはつけないゾ！

15 すてきな大人を探せ

言葉をかえれば、一流の人物に触《ふ》れて、キミなりの理想とする大人のモデルを持ってほしいということだ。

つい最近、とある有名な大社長を見かけたんだけど、一瞬《いっしゅん》で、そういう立場の人なんだってわかった。動きが違《ちが》う。目の配り方とか、とにかく行動の基礎《きそ》スピードが速いんだ。

その人の本当のすごさって、直接会ってみての皮膚《ひふ》感覚でしかわからない。テレビでどうこう言われていても、伝わってこないものがほとんどだ。

「何が、どういいのか」っていうことを間近で感じられる機会は財産だと思う。

なぜなら、「ここを目指せばいいのか。一流の人って、こういうことができるんだな、こういうものの見方をするんだな」ということを肌《はだ》で感じて学べるからだ。ただ本で知るよりも、ずっと良いモデルが持てる。

まずは、自分のいちばん好きな先生や、身近で働いているおじさんでもいい。「あの人はすてきだな」とキミが感じる人をモデルにすればいい。

そして、「なぜすてきな人になったのか」っていうのを見極《みきわ》めていく。立ち方、歩き方ひとつから、話し方までまねてみる。どんどんかぶれていってほしい。

すてきな大人を探して、会いに行こう。

カッコいい大人を
見つけ、
ひたすらまねを
する！

16 いい芸術に触《ふ》れよう

他人の見方が感性の幅を広げる

芸術に触《ふ》れるって、なんだか小難しく、煩《わずら》わしく思ってしまうかもしれない。

でも、言いかえると「感性の幅《はば》を広げていく」ということ。もっとわかりやすく言うと、「自分で感じている以外に、他の人の感じ方を知ることによって、『そういう見方もあるのか！』って発見すること」なんだ。

それが、芸術に触《ふ》れる意味。「感じて泣ける日々を」（74ページ）にも書いたけれど、感性の幅《はば》を広げるって、いくらでもあとから訓練できる。

ぼくの話をすると、二十歳で大学に合格して、「よし！　これからは勉強でがんばろう！」って思っていたときのことだった。「勉強だけじゃねえだろ。芸術もあるぜ」って言うロンドン帰りのある青年がいた。

「おれ、絵とかはわかんないからな」とぼくが言うと、この青年は、

「は？　触《ふ》れてないだけでしょ。観《み》て観《み》て、観《み》まくれよ。あるときわかるから」って言ったんだ。

この言葉って、いろんな人が言うんだよ。当時はまるでわからなかったけれど、そのときぼくは「よし、やってみよう」って思った。

それからはひたすら、絵を観《み》た。銀座なんて全画《が》廊《ろう》に行ったな。美術館も山ほど行った。とにかく、観《み》た。

そんなある日、大学の生協に一枚の複製画があって、いきなりビビッときた。なぜかはわからないけど、「ああ、いい絵だな」と思った。お店の人は「いやぁ、ヨーロッパの難しい絵ですね」なんて興味なさそうだったんだけど、調べてみる

と、クルト・シュビッタース*という有名な人のものだった。

絵も映画も「観た分だけわかる」

それからは、はっきりと「絵がわかる」ようになった。絵のよしあしを判断できるようになった。ピカソなんかを観《み》ても「本当にいいなぁ」ってしみじみ感じられるようになった。「本当にいいものだ」って言いきれる自分ができたことが、本当に大きかった。これはすごく自信になる経験で、キミにもぜひ体験してほしい。絵でも、映画でもなんでもいい。「観《み》た分だけわかる」って言われても、ぼくも十代の頃《ころ》はまったく理解できなかった。

でも、今は確信を持って「そのとおりだ」って言える。だまされたと思って、今の年齢《ねんれい》のキミなりに、いいと思うものを観《み》ていってほしい。

*クルト・シュビッタース…一八八七〜一九四八　ドイツ出身の芸術家。

17 感じて泣ける日々を

感動にも深さがある

魅力《みりょく》ある人っていろいろな理由があるんだけれど、「感性豊か」っていうのはその中でもメインになるんじゃないかな。それは、勉強ができる、仕事ができるということともつながる。

感性豊かな人というのは、深く感じ入ることができる人。

ぼくが長く付き合っている人って、きれいなものを見たら「きれいだなぁ、いいなぁ」と深く感じ入られる人なんだ。ひと言で「いい人」といってもたくさんいるんだけど、一緒《いっしょ》にいたいなぁと思うのは、感動の深さがちゃんとある人だな。

ぼくにとって、生涯《しょうがい》でいちばん深い感動を味わったのは、ジョン・レノンのソロアルバムを聴《き》いたときだった。いちばん感性が鍛《きた》えられる時代に、もう何度も、何度も何度も聴《き》き入った。歌詞はもちろん英語だから、言葉の真の意味はわからない。

でも、心のいちばん深いところで感動したというリアリティは、今でもまったく消えないんだ。ジョンと、生きものとしての信号をやりとりし合ったって感じがした。

そのあと、クラシック音楽、映画、囲碁《いご》……おもしろいことは何でもやったけれど、あのアルバムから受けた感動ほど深いものはなかった。

学生時代、社会に出てからでも、「こいつはおもしろいな！」と思った人には「好きな音楽は？」と聞いてみる。そこで「ジョンのソロアルバムです」なんて返ってきた日には、もう全幅《ぜんぷく》の信頼《しんらい》を置いちゃう。犬が、おなか出して寝転《ねころ》んだのと同じ状態。

深い感動体験が信用力を生む

音楽じゃなくたっていい。本当に深い感動を知っている人って、使う言葉も、考え方も変わってくる。大人になるとそういう部分ってちょっとしたところに表れてしまうから、瞬間的《しゅんかんてき》に見抜《みぬ》かれる。

だから「こいつは深い感動を味わってきたんだなぁ」ってわかったら、人は「何か一緒《いっしょ》にやれるな」とか、「付き合いたいなぁ」と思うものなんだ。

社会に出てから人と付き合うときって、だまされるかもしれないという可能性はあっても、どこかで「よし、この人と組むぞ」っていう決断をしなければならないときがある。そんなとき、「深い感動を知っている」ことは、相手を信頼《しんらい》できる力ギの一つになる。「感動」という深いところで信頼《しんらい》できる人って、必ず「くだらないことはしたくない」って考えるだろうと思うから。

感動でつながっているんだから、年齢《ねんれい》なんて関係ないよ。知らなかったことを教えてもらえたり、いいことだらけ。

でもそれは、こちらも試《ため》されているということ。自分が「好き」じゃなくて、「好かれる」人にならないといけない。感性の勝負だ。甘《あま》くないね。

でも、感性は後天的に身につけられるものだから、いっぱいよい作品に触《ふ》れてほしい。

キミの心を
ゆさぶるものが、
キミを大人に
してくれる！

コラム② からだのコンプレックス

中学生の頃《ころ》って、からだのことをすごく気にする時期だよね。背の高さ、顔、足の長さ、肩《かた》、髪……あらゆる部位の形、大きさを周りの友達と比べてしまう。

ぼくは、まず頭が大きかったんだ。これについては「もめごとは肥やし、コンプレックスは宝物」（82ページ）を読んでほしいんだけれど。

もうひとつのコンプレックスは、発毛の時期がほかの子よりも遅《おそ》かったこと。「なんでおれは……」って、ものすごく気にしていた。

その実態がばれてしまったのが、中二の修学旅行だった。男子の仲間にさんざんからかわれたあげく、帰ってきたあと学校で、後ろの席の女の子に、

「まだ赤ちゃんなんだって？」

と言われた。もう、心がどんより曇《くも》ったよ。気にしていないってふりをしたけど、明らかに、落ち込《こ》んだのが表情に出てただろうな。

今、大人としてキミに言えるのは、「気にする時期なのはわかるけど、全然関係ないから」ということ。必ずみんな大人になるし、身体《からだ》も変わっていくもの。

外見を武器にして生きていくっていうこともあるかもしれないけど、それはごくごく限られた人たちだけでしょう。社会に出てから、圧倒的《あっとうてき》に大事なのは内面、つまり中身の実力なんだ。

だから、今持っているコンプレックスなんて気にすることはないって、はっきり言える。というよりは、ぼく自身今思えばなんであんなことを気にしてたんだろうなぁ、と思うくらい。まあ、時間を経て言えることなんだけどね。

第三章　立ち向かう

18

もめごとは肥やし、コンプレックスは宝物

生まれて初めて、自殺しようと思った

いじめの話。

キミの年代、小学校五年から中学二年くらいにかけては、ちょうどいじめがいっぱいある頃《ころ》だ。いちばん厳しい時期だと思うんだよね。現に、いじめをしている人もいるかもしれないし、いじめられている人もいるかもしれない。

ここで言いたいのは、「いじめられた体験は財産になる」ということ。逆説じゃなく、いじめをくぐり抜《ぬ》けた人ほど強い人はいないからなんだ。

ぼく自身がいじめられたことを話そう。

自分の身体《からだ》のことで悩《なや》んでいた。頭が、大きいんだよ。三歳くらいのときに宮崎の浜辺で撮《と》った写真を見ると、「うそか！」と思うくらい大きい。サイズの合う赤《こう》白帽《はくぼう》がなくて、県庁所在地の熊本市に問い合わせても見つからない。東京に問い合わせても「ありません」って言われた。「あんたの赤白帽《こうはくぼう》は、日本にはなかよ」って母親に言われてね。小さすぎて入らない赤白帽《こうはくぼう》をゴムで一応留めるんだけど、なんかただちょこんと乗っけてるようにしか見えなくて。だから、頭はコンプレックスだった。

コンプレックスって、その人にしかわからないんだよね。

たとえば、髪が天然パーマでクルクルの人はそのことを気にしてて、周りから見たらかわいいだけなんだけれど、「そのことについては何も触《ふ》れないで！」って思う。ただメガネをかけてるだけでも、それについて言われるのが嫌《いや》だっていう人はいっぱいいる。

思えば、ぼくの頭が大きいことも、周りからすると結構かわいいものだろうし、おもしろいものだろうけど、ぼく自身は「やめて‼」って思ってた。

四年生まではなんともなかったけど、五年生になってから、とうとういじめが来たんだ。

朝、ぼくが学校にやって来ると、伝令係みたいな子が「来ました！」ってクラスじゅうに伝えるわけ。そうすると、みんながザーッていっせいに立ち上がって、教室へ入ってきたぼくに向かって「でこっぱち！　でこっぱち！」って手をたたいて、合唱を始めるんだ。

彼らからすれば、単に喜びや遊びでやっているだけなんだけど、こっちは「やっぱりおれは奇形《きけい》だったんだ……」と死ぬ思いさ。しかも、初恋の女の子まで「でこっぱち、でこっぱち」ってやってるんだからね。

そのときの気持ちっていったら、もうクラスじゅう真っ暗。真昼の暗黒みたい。誰《だれ》も友達がいない。生まれて初めて、自殺しようと思った。

「あんたが元気ならよかとばい」

それで、「死のう。でもぼくが死んだら、お母さん悲しむだろうな」と思って家に帰ると、やっぱり母親だから、元気をなくしているのがすぐにわかっちゃう。

そのときに、母親がどうしたか。

じーっとぼくを見て、「ちょっとおいで」と呼んで、こう言った。

「言っとくけどね、お母さんはね、あんたが元気ならよかとばい」

それから、ぎゅーっと抱《だ》きしめてくれた。そして、「ほら、行きなさい」って言って、送り出してくれた。

これは、大正解のやり方だったと思う。今は、いじめを事件化しちゃうお父さん、お母さんが多い。すぐ、「あのー、うちの子がいじめられたって言ってるんですけど」って学校へ連絡《れんらく》しちゃう。これはよくない。

キミだって、親にこんなことをされたくないでしょ。いじめられた自分が、被害《ひがい》者《しゃ》あつかいされてさ。親も先生も、何かやってあげたい気持ちはわかるけど、「子どもの世界は、子どもにまかせる」という方針で、変な介入《かいにゅう》はしないでほしいよね。

ある中学校では、いじめた子を先生がつきとめて、いじめられた子の自宅へ謝りに行かせた。そうしたら、いじめられた子が自殺してしまった。大人が、やってはいけない介入《かいにゅう》をしてしまったんだね。

でもね、大人だって不完全。悪気があってやってるんじゃない。もし、親がいじめに対してまちがった対応をしてしまっても、死んじゃだめだよ。

笑いを武器に

いじめられていたぼくが、どうなったか。

家ではいじめられているつらさを忘れて、学校では死ぬ思い。これを繰《く》り返していたわけ。そうすると、人間、自然と強くなるんだね。ドストエフスキーの言葉に

「人間は、どんなことにでも慣れる生き物だ」っていうのがあるけど、本当にそのとおりだと思う。一ヶ月続くと、例のでこっぱちコールが始まっても「あいつ、今日はいつもよりこっちに来るのが遅《おそ》いな」って感じで、冷静に見られるようになっていった。

そして五月に、児童会の副会長に立候補したんだ。全校生徒千五百人の前であいさつをするそのときに、ぼくはピンとひらめいた。

「おはようございます！　ぼくが頭のデッカイ高濱正伸《たかはままさのぶ》と申します!!」

と言って、パッと横を向いた。大きな頭が丸見え！

「お～！」と沸《わ》く子どもたちに、

「みんなの二倍、三倍は脳みそがあります！」

これがバカ受け。次の日、いじめは終わってた。

ここからわかるのは、笑いにもっていかれたら、いじめてる側としてはまったくかいがなくなっちゃうってこと。ぼくは、「常に周りを笑わせ続けていたら、いじめは降りかからない」ということを体得したわけ。

お笑いタレントの自伝を読むと、いじめられた経験を持っていることが多い。いじめられている渦中《かちゅう》の人は、今本当につらいだろうけど、応援《おうえん》しています。いろんな経験は必ず生きるから。

今の悩みは、社会に出てからの肥やし

中一のときには、こんな経験があった。

中二の先輩《せんぱい》のしごきがきつくて、「うさぎ跳《と》び十周！」なんて理《り》不尽《ふじん》なことを言われるわけです。もう疲《つか》れきって立てないくらい大変な状態。

そこで、中一のみんなで団結して「もう辞《や》めよう」ってことになった。でもぼくは、「いや、続けよう」って言った。負けたくなかったんだな。それからしばらくは、中一の仲間全員が、ひと言も口をきいてくれなかった。

でも、五年生のときに一度いじめを経験していたからなんともなかった。こういうときに大事なのは、毅然《きぜん》とした態度でいることだ。モジモジして、困ったような態度をとっちゃうと、いじめはどんどんひどくなる。

「いじめのない世界になりますように」っていうのは現実的に無理な話だ。だから、いじめる人間になれ、っていうわけじゃなく、いじめが来ても、それをはねのける人間になってほしい。社会に出たらもっと厳しいことに出会うよ。仕事がなくなることだってある。

そこで大事なのは反発することなんだけど、ぼくのいじめられ体験みたいに、なんとか立ち向かった経験がないまま大人になると、なかなか耐《た》えられない。

今、つらかったり、悩《なや》みがたくさんあるというのは必ず肥やしとなってキミの将来の力になるからね。

今のつらい経験が、
将来役に立つときが
きっと来る。
打たれ強くなれ！
負けるな！

19 悪い人ばかりではない

まず覚えておいてほしいのは、思春期から二十代にかけての若い頃《ころ》って、感情の振《ふ》れ幅《はば》が大きいんだってこと。

だから、落ち込《こ》んだときは「もう世界なんて……」とか、「誰《だれ》もわかってくれない」「誰《だれ》も信じられない」なんて思っちゃう。何もよりどころがなくて、絶望的な気持ちになるものだ。そうなると、もうなにもかもが嫌《いや》になる。「死にたい」とすら思う。

「論より行動を」（54ページ）のところでも書いたけれど、嫌《いや》になったから全部を切り捨ててしまいたくなることってよくある。

たとえば、学生のころはメディアに踊《おど》らされがちだから、「いい政治家なんていない」って言われていると、政治家全員が嫌《いや》な人に思えてくるでしょう。

でもキミは、政治家一人ひとりと付き合ったことはあるのだろうか？　ないよね。いい政治家は、必ずいるはずだ。

すべてを切り捨ててしまう前に、しっかり自分の目で見て、自分の頭で考えていいとか悪いとか決めるようにしよう。世の中いいやつばかりでは絶対ないし、そんなに甘《あま》くないけれど、悪い人ばかりでもない。

きちんとした判断力を持っていれば、必ずすてきな人にたくさん出会えるよ。キミのことをわかってくれる人が絶対にいるから、悲観しすぎないでほしい。前向きに生きるということを忘れなければ、だいじょうぶだ。

キミのことを理解し、
受け入れてくれる
人は絶対にいる！

20 あきらめなければ負けない

部活の試合で、だれかとのケンカで、勉強で、「負ける」という経験を、キミはこれからたくさんするだろう。じゃあ、負けたときにはどうすべきなんだろう。

ぼく自身の経験を言うと、たとえば大学受験で浪人《ろうにん》したことかな（希望の大学に行けずに、もう一度勉強すること）。ふつう、浪人《ろうにん》するとなったら落ち込《こ》んだり、卑屈《ひくつ》になりがちだよね。

でも、冷静に考えてみると、不合格になったのはなぜなのか、反省材料をちゃんと集めれば次には合格できるはずでしょう。たいてい、やってやれないことはないんだ。

浪人中《ろうにん》、ぼくは、ジョン・レノンの「Nobody Loves You When You're Down

And Out」っていう曲を聴《き》いていた。「あなたが落ち込《こ》んだり、うちひしがれているときには、誰《だれ》も愛してはくれない」っていうような意味の歌詞なんだけど、「ほんと、そのとおりだ！」と思ったね。心から納得《なっとく》した。

負けて落ち込《こ》むっていうのは、悲しい自分にひたっていれば楽だから。本当は、甘《あま》えでしょう。そんな状態では、次によくなる可能性はゼロだよ。そして、そんな自分に、いい友達やおもしろい人は寄ってこない。

負けたときにどうするかっていう話をしてきたけど、ぼくは、「勝ったから何だ？」とも思うわけ。勝っても、そこからさらに、自分自身で高みを追い求めていかなきゃならないはずだ。

つまり、なんであっても、そこに達したから「幸せ！　終わり！」というものじゃない。むしろ、負けたときに「よーし！　次こそは！」って思えるかどうか、そして、やるべきことを淡々《たんたん》とやれるかどうか。これこそが、大事なんじゃないかな。

勝っても負けても、次を目指せ。簡単に満足しない、簡単にあきらめない！

21 「キライ」といってラクをする

「キライ」「苦手」はあるか

今、キミには嫌《きら》いな科目があるかな？　勉強じゃなくてもいい。ついつい避《さ》けたくなっちゃうことってないだろうか？

「ある」と思ったとしたら、読んでほしい。

実はそれ、単にラクをしようとしているだけなんだ。「キライ」って言えば、やらないですむ。「苦手」って言っていれば、テストの点数が悪くてもすむ。

要は、いやなことを回避《かいひ》するための言葉なわけだ。いろんなものを「キライ」っていう枠組《わくぐ》みで切り捨ててしまっている。青年の、青年たる未熟さではあるんだけどね。

でも、そんな人に言いたい。

「キミは、本当に、『キライ・苦手』と言えるほど、経験したのか？　キライなことに直面したのか？」ってね。

やりきって、それでもキライなんてことは絶対ない。たいていのことは、がんばればがんばるほど好きになっていくんだよ。

自分で壁をつくっている

ぼくの経験を話そう。

長い間ぼくは自分で、水泳が苦手だと思っていた。周りにいた友達はみんな泳ぎが上手《うま》かったから、よけいに下手だと思い込《こ》んでいたふしもある。川で遊ぶのは好きだったんだけど、平泳ぎなんて、同じところで上下してるだけ、みたいなありさまだった。高校生になっても苦手なまま。「普通《ふつう》に泳げるようになればいいなぁ」なんて思っていた。

でも、絵の観方《みかた》がわかるようになったということもあって、二十六か二十七歳の頃《ころ》、ふと思った。

「いや待て。これって、絵と同じように、自分で勝手に『キライ・苦手』の枠組《わくぐ》みをつくってしまっていることのひとつなんじゃないか？」ってね（わからないと思っていた絵の観方《みかた》がわかるようになった話については、「いい芸術に触《ふ》れよう」（70ページ）を読んでほしい）。

そこで、練習を始めた。たくさん泳いでいるうちにわかったのは、「おれの泳ぎには、『蹴伸《けの》びのときに進む』という意識が足りなかったんだ！」ということ。泳いでいるときに前に進むのって、実は蹴伸《けの》びの瞬間《しゅんかん》なんだよね。ぼくは、ひたすら水をかいて進もうとしていたわけ。典型的に「泳げない」人のやり方だったんだ。泳げる人ならみんな、無意識に体得していることなんだけど。

それからはどんどん泳げるようになって、東京都文京区の水泳大会でメダルをもらうくらいにまで上達した。「できない」っていう意識が、長い間壁《かべ》になっていたっていうことだ。

勉強は、絶対におもしろい

もうひとつ例を示そう。これは、あるお母さんのひと言。

「私は数学が苦手だと思っていたんですけど、最近、息子の勉強に付き合って一緒《いっしょ》にのんびり考えていると、実はおもしろいんだなぁ！って思うんです」

数学の本当のおもしろさを知るためには、目の前の一問に時間をかけてじっくり取り組むのがいちばんなんだ。そこで「わかった！」と思うことによって、真の意味で好きになれる。

そうじゃなくて、次から次に解いていく演習漬《づ》けの勉強をやらされていると、

「こなす」ことが当たり前になってしまう。わからない問題に対しては「キライ」といって逃《に》げていないとやってられない、ってなっちゃう。

でも、ほとんどの勉強はおもしろいに決まっている。だって、それは英知の集積だから。これだけ長い歴史を経て、残っているわけだからさ。学問はそれぞれの分野で無数の発見があって、そのたびに人々が「すごい!」って感動して作り上げてきたものなわけでしょう。本来は好きだったはずなのに、小さい頃《ころ》の経験で嫌《きら》いにさせられて、そして自分で逃《に》げているだけだ。

「キライ」は甘《あま》え。「キライ」といってラクをするな、と言いたい。そんな方法からは卒業してほしいんだ。

キライ、苦手と
言って、
逃《に》げ出すな!

第三章　立ち向かう

22 欠席連絡《れんらく》は自分でしよう

学校を休むとき。部活を休むとき。塾《じゅく》の授業を欠席するとき。キミは、キミ自身で、相手先に連絡《れんらく》を入れることができているだろうか。

「休みます」と自分で言えない

この本の「はじめに」で書いたように、「メシが食えない大人」が増えている。キミには、そういう人になってほしくない。

高校生・A君の一例を挙げよう。

朝九時に授業開始とする。ほかの生徒は、もう集まっている。でもA君の場合、九・・・・時五分に「母親から」欠席連絡《れんらく》が来る。高校生でありながら、だよ。どういうことを言いたいかというと、欠席の連絡《れんらく》ひとつも自分で入れられないような高校生が、社会でメシを食っていけるだろうか？ということ。

欠席するというのは、約束を破るっていうことでしょう。欠席連絡《れんらく》はつまり、約束を破るって社会に伝える作業。だから本来、重いものなんだ。そしてその重さは、約束を破る本人が背負うべきもののはずだ。なのに、A君は背負えていない。本当は、小学校高学年の時点でできていなきゃいけないことなのにね。

ここから言えるのは、学生でいるうちに、社会の厳しさに対応しておかなきゃいけないということ。それを経験しないまま大人になってしまうと、厳しさへの耐性《たいせい》なしに、世間という荒波《あらなみ》へこぎ出すことになる。そのあとどうなるかは、目に見えているでしょう。

人間関係のいちばん重いところ

Ａ君が向き合えずに避《さ》けてしまっているもの。それは、「生身の人間関係」だ。

つまり、「休みます」と自分で伝えたときの、電話口での「えー？」とか「なんで」っていう、相手の嫌《いや》そうな声を聞くのが嫌《いや》なわけ。同じように、直接顔を見て言ったときの相手の嫌《いや》そうな表情にも耐《た》えられない。圧迫感《あっぱくかん》に負けちゃう。

生身の人間関係には、相手といいことを共有して喜び合えるっていうプラスの面があるけど、もう一方では、はっきりと不満を言われたり、裏切られたりといったように、相手の負のエネルギーを受け止めるっていう面もある。これは、人間関係のいちばん重いところなんだけれど、それを避《さ》けて通っていちゃダメだ。

負の部分もしっかり受け止めていける人って、社会では認められるよ。

たとえば、何か相手に申し訳ないことをしてしまったとする。そこで、自分から出向いて顔を出して、「すみませんでした！」って謝りに行けるヤツっていうのは、マイナスどころか、逆に評価がものすごくプラスに転じることがある。相手からすると、「こいつは生命力があるし、潔《いさぎよ》いな」って感じるわけだね。小さい行動なんだけど、人はそういうところを見ている。

正々堂々と他人と
向き合えると、
社会から
認められる！

コラム③ 告白

恋愛には、本当に奥手《おくて》だった。

中一のときにある女の子からラブレターをもらったことがあったんだけど、あまり興味はわかなかったな。もちろんうれしいという気持ちは少しあったんだけど、むしろ恥《は》ずかしいっていうほうが強くて、そのラブレターは隠《かく》してた。

そんなふうだったけど、当時、好きな子が何人かいたんだ。ずっと告白なんてできなかったけど。

でも、中学卒業を目前にして、「後悔《こうかい》したくない」って気持ちが強くなってきた。高校進学のために、別の町に行く朝。いちばん好きだった子の家まで行って、ピンポンと呼び鈴《りん》を押《お》して、家から出てきたその子に告白したんだ。確か、一緒《いっしょ》にビートルズの「Let it be」のＬＰレコード（今のＣＤ）を渡したと思う。

中学時代のぼくの恋愛なんて、そんな程度だったよ。それが現実。ただ、最後の最後に思いを伝えられたことで、すっきりした。ちなみに、その子からは何のリアクションもなかったよ（笑）。

第四章　学ぶ

23

定期テストは人生の分岐点《ぶんきてん》

そもそも勉強って、必要だろうか。半世紀以上生きてみて、まちがいなく必要だと言いきれる。どんな仕事でメシを食うにしても、技術革新はあるし、人と同じことをしていては抜《ぬ》きん出ることはできない。常に学び続けなきゃいけないんだ。中高の勉強って、その基礎《きそ》の基礎《きそ》だから、おろそかにできるはずはないよね。

さて、中学に入ったら、勉強ってどうなるんだろう？

初めに言っておくと、中学の勉強って、小学校の頃《ころ》とはまったくの別物になる。特に、高校受験をする人にとっては、毎回の定期テストは入試に直結しているんだ。

定期テストっていうのは、一年間で、一学期に一回、二学期に二回、三学期には一回あるいは学年末試験として行われることが多い。

定期テストに全力で取り組む

公立の高校入試での評価基準は、大きく分けて内申《ないしん》と当日のテストの二つだ。たとえば、定期テストでの成績がすべて満点だったら、授業中よほど態度が悪いとか提出物を出さないということでもないかぎり「オール5」だから、内申《ないしん》点は45（一科目あたり9×5）になる。

この二つの数字を使って、どうやって合格・不合格を決めるか。

実は、内申《ないしん》の点数と当日の入学試験の点数、それぞれに一定の合格基準があって、どちらの基準もクリアした人だけが合格できるんだ。だから、いくら当日のテストの成績が良くても、内申《ないしん》が低かったら不合格になってしまう。

公立中学の場合には、定期テストの結果がそのまま内申《ないしん》に響《ひび》いてくる。定期テストの結果の積み重ねが、人生の分岐点《ぶんきてん》といってもいい。「行きたい高校があるのに、内申《ないしん》が足りないがために行けない」ということが、実際よく起こるんだ。

とても頭のいい人がいたんだけど、その人は「技術」と「音楽」で「2」の評価をとってしまった。なぜかというと、テストの点はとっていたけど出すべき提出物を出さなかったから。テストは第一に大事だけど、通知表は日頃《ひごろ》の態度・行動もしっかり見られてつくんだね。

先生に対しておべんちゃらを言う必要はまったくないけれど、最低限やることはしっかりやるようにしよう。

しかし、いずれにしろ、定期テストはとても大事だ。君たちの進路を決めるわけだから、真剣《しんけん》に最初の定期テストに臨《のぞ》んでほしい。最初のテストがうまくいけば、あとはだいたいうまくいく。

ちなみに、私立高校入試では、内申《ないしん》は重要視されないので当日の入学試験での勝負になる。だいたい三科目の入試が多い。三科目だからといっても、私立に行くというのは大変だよ。お金がかかるし、入学してからは、定期テストによってクラス分けが決まったりすることもある。

毎日コツコツやる人が「勝つ」

定期テストの勉強についてだけど、直前にまとめて勉強する人は必ず悔《く》いを残すことになる。つまり、日々の努力に勝《まさ》るものはない。

テスト前にだけ勉強する人は、中学ではまだ得点できるかもしれないけど、高校では絶対に通用しない。毎日コツコツやる人には勝てないということだ。

頭の良さうんぬんではなく、「きちんと毎日やる」ということをやめないでほしい。特に中学入試をした人たちは、これまでものすごく勉強してきたわけだからね。せっかく身についた努力の習慣を失わないでほしいな。

きちんと毎日やる人は、絶対に勝つ。継続《けいぞく》は力なり！

24 わからないままにしない

「PDCAサイクル」って知っている？　ビジネスでも使われる言葉だ。

P(plan)は計画、D(do)は実行、C(check)はチェック、A(action)は行動の頭文字で、P→D→C→Aの順に活動を繰《く》り返すこと。

勉強するとき、特に大事なのがAだ。A「行動」は、簡単に言いかえれば「対する」。つまり、「わからないままにしない」っていうことなんだ。

たとえば、定期テストに向けて、プランを立てて勉強するとしよう。これがP。

まあ、プラン通り勉強できた。Dだね。

で、テストが近くなったから、本当にできているのかチェックをしてみると、できていないところがあった。Cの段階だ。

じゃあ、そのままテストに臨《のぞ》む？　それはないでしょう。テスト本番でもできる！というところまでやらなきゃいけない。それが、Ａ「わからないままにしない」なんだ。

自分に厳しくできれば、絶対に伸びる

「わからないままにしない」。このひと言は、簡単そうに聞こえるかもしれないけど、重いよ。「本当に自分はちゃんと、理解しただろうか？」ということを、常に厳しくモニタリングしていかなければならないわけだからね。

だから、中学に入ってからの勉強で気をつけてほしいのもここなんだ。

「図形って苦手」「この分野キライ」とか、なんだかんだ理由をつけてやろうとしないのは、やるべきことから逃《に》げているだけ、単に甘《あま》えているだけだよ。わからないから苦手・キライなわけで、「絶対理解するぞ！」って気持ちで食い下がってほ

しい。

ちなみに、「わかったかどうか」は、どうすれば確認できると思う？　簡単。人に説明してみればいい。特に、まだわからないと困っている人に教えることは、すごく力が試《ため》されるんだよね。相手が、「なるほど、そういう意味か」って言ってくれたら、キミ自身がすっごくよく理解できている証拠《しょうこ》なんだ。

中高を通じて、わからないことをそのままにしない勉強ができたら、行きたい大学に行けるよ。中学入試を経験した人は実感したと思うけど、「ものすごい量の勉強をやらなきゃいけない。もう手が回らない！」ということがある。

でも、たとえそんなときでもごまかさずに、ひとつずつ確実に取り組んでごらん。絶対伸《の》びるから。ＰＤＣＡサイクルっていうのは、「わからないままにせず、アクションをしっかり起こす」という意味なんだ。

ひとつずつ確実に
取り組めば、
ゴールに
たどり着く！

PDC
A

25 言いたいことをつかむ

■基本的なノートの作り方

中学生になると役立つ、目的別ノートの作り方を伝えておこう（詳《くわ》しくは、ぼくの『子どもに教えてあげたいノートの取り方』（実務教育出版）を読んでほしい）。

授業ノート

学校の授業のときに使うノートだ。

中学生になってからの勉強でいちばん大事なのは、前に立つ先生の話を一言一句逃《のが》さずに集中して聞いて、理解すること。中学の授業は、しっかり聞けていさえすれば、ほとんどはわかるはずだからね。黒板のとおりに写すことだけにひたすら集中して、内容が頭に入っていないのがいちばんダメ。

話を聞けている人って、先生の話の中で「何が大切か」を考えながら、必要な部分だけ工夫してノートに写すようになるんだ。そうすると、テスト勉強のときにあるとないとでは大違《おおちが》いというくらい、「使えるノート」へと発展していく。

きれいに書きすぎる必要はないよ。でも、あとあと使うものだから、自分が読める字で残しておこう。

演習ノート

知識を食べものに見たてると、授業ノートは、まずかんで飲みこんだっていう段階だね。飲みこんだら、次は「消化」しなきゃならない。演習ノートはそのためのものだ。

ある程度字は汚《きたな》くてもいいから、「飲みこんだ知識を忘れないうちに、使ってみる」という意識でどんどん問題を解いていく。

だから、スピード重視にこだわってほしい。

習いたての頃《ころ》は、数学なんかでも教わったことを順番に思い出しながら解くから、あまりスピードは出ないだろう。でも、繰《く》り返し繰《く》り返し、自分の中でやり方を再現しながら解いていくことで、いつのまにか意識しなくても理想の解き方ができるようになっていく。

スピードって、入試本番や社会生活では必要なのに、学校では指導してくれないことのひとつだよね。中学受験をした人はわかると思うけど、入試っていうのはもともと、時間が足りないようにできている。高校入試は、さらなるスピードが必要とされるんだ。

知識ノート

わからない言葉や単語が出てきたら、その場ですぐ調べることを当たり前にしよう。中学以降の定期テストでは英単語や漢字に加え、知識が重要な理科や社会も入ってくる。だから、新しく得た知識をもらさず自分のものにしていかなきゃならない。「ん？」と、知らない言葉にひっかかったらどんどん知識ノートに書き入れていこう。やがて、自分だけのオリジナル辞書ができるよ。

数学でも、中三になったら、必要な定理や公式を一冊にまとめると、とても力になる。これも知識ノートの一つだね。

復習ノート

これは、とりわけ大事。

「今まで知らなかったけれど、なるほど、そういう見方だったのか!」といったように、新しく学んだものがあったとき、その問題ごと残すためのノートだ。

手順としては、①問題を書いて、次に②その解答を書く。この②は、解答すべてを一気に書くことを心がける。

ミテウツシ病とぼくは呼んでいるけれど、「写すべき内容と自分のノートを、一語一語往復して写すために、内容が頭に入ってない」状態になってはダメ。ミテウツシ病は、勉強ができない人の典型。「ノートが汚《きたな》いといろいろ言われるからなぁ」ってお母さんの目を気にする人が多い。そういう勉強は、卒業しよう。

勉強って、全部頭の中に入れるから意味があるんだ。自分のためにノートをとっているという意識で一気に書くこと。

そして、③できなかった理由を書く。「公式を覚えていなかった」、「立体を平面で考えるということを忘れていた」といったようなこと。

最後に④教訓を書く。これはマーカーなどで囲むようにしよう。

もちろん、これで終わりというわけではなくって、試験の前に、何回もやり直しをして解けた印が三回くらいついたら、その問題は卒業。克服《こくふく》したという証明になる。

こういうことを一つひとつ重ねていくのが、本当の勉強なんだ。これは一生、変わらない。大人になっても、「知らなかったけどそうだったのか」とか「ちょっとまちがっちゃったな」なんて思ったら、復習ノートを作る。

仕事ができる人はみんな自分のノートを持ってるんだよ。スポーツの世界でも一流の人は「○○ノート」を持ってるね。自分なりにわかったことをまとめるのが、復習ノートだ。

■英語の勉強

英語の定期テストで、満点を取れるノートの作り方を伝えよう。

ノートの見開き左ページに、テストに出される英文。右ページには、それぞれの英文の和訳を書く。これでノートは完成だ。

使い方としては、次の4ステップだ。

①英文を徹底《てってい》して音読する。

②暗誦《あんしょう》する。

③すらすら暗誦《あんしょう》できるまで練習する。

④英文が書けるようになるまで練習する。

少しくらいたどたどしくても、全部暗誦《あんしょう》できる人は八十点、③のすらすら暗誦《あんしょう》できるまでやった人は九十点、④まで完璧《かんぺき》にできた人は、ほぼ満点が取れる。単語を書くことから意味から、全部頭の中に入っているわけだからね。

とはいっても、これは結構大変な作業だよ。やったもの勝ちなんだけど、この地味な作業ができるかどうかは、みんなの根気に任されているよ。

あと、英語の歌もおすすめだよ。いい歌がたくさんある。ビートルズやカーペンターズなんかは、覚えやすいからいいと思う。

ぼくは中一の頃《ころ》に、三十曲くらいの英語の歌詞を、カタカナで全部書き取って暗記した経験がある。歌詞の意味は、わからないんだけどね。

でも、その歌詞の中には重要な英文法も入っていたから、英語では困らなかったんだ。思えば、さっきの英語ノート作りと同じことを、遊ぶ気持ちのままにしていたんだね。

ノートは、目的別に作ろう。キミを最後まで助けてくれる、強い味方だ！

4つのノートの考え方

1 **授業ノート**
まず頭に授業の内容を入れることが大事

2 **演習ノート**
授業の内容が定着しているか問題を解いて確かめる

3 **知識ノート**
解けなかった問題など，重要だと思った項目《こうもく》をまとめる

4 **復習ノート**
まちがえた理由や発想法を書き残し，再び演習問題を解いてみる

授業ノート

大切なのは，先生の話を聞くこと。
ノート取りに集中して，内容が頭に入っていないのはいちばんダメ

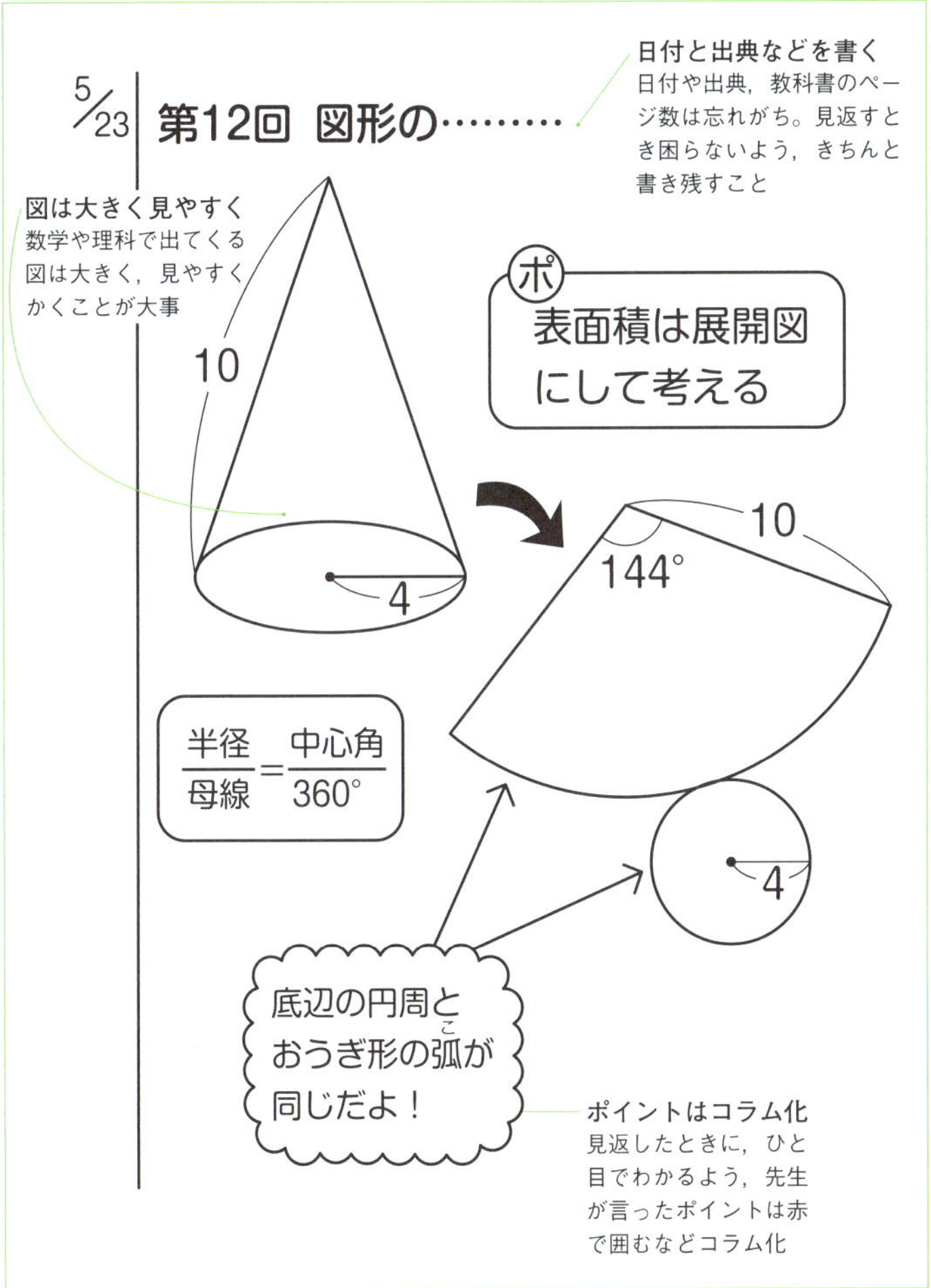
日付と出典などを書く
日付や出典，教科書のページ数は忘れがち。見返すとき困らないよう，きちんと書き残すこと
5/23
第12回　図形の………
図は大きく見やすく
数学や理科で出てくる図は大きく，見やすくかくことが大事
10
4
ポ
表面積は展開図にして考える
10
144°
半径/母線＝中心角/360°
4
底辺の円周とおうぎ形の弧《こ》が同じだよ！
ポイントはコラム化
見返したときに，ひと目でわかるよう，先生が言ったポイントは赤で囲むなどコラム化

演習ノート

スピード重視。多少汚《きたな》い字でもよいので，集中力をもって，
どんどん問題を解いていくことが大切だ

知識ノート

覚えたはずのことが頭に定着しているかチェックするもの。
何度も見返すので，丁寧《ていねい》に書くこと

左にQ，右にAを書く
ノートを2つに区切り，左にQuestion，右にAnswerを書く。日付も忘れずに

2/15	Q	A
1252 ○×○○	国連に加盟した国の中で最も新しい国は？	モンテネグロ
1253 ××○○	ギリシアのパルテノン神殿と同じ建築様式を使った日本の建物は？ また，その建築様式の名前は？	法隆寺 エンタシス 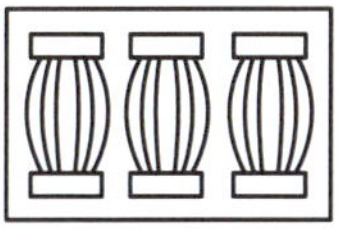
1254 ○○○○	2009年のサミットに参加した国を8つ答えよ	日本 アメリカ イギリス フランス ドイツ ロシア カナダ イタリア 覚え方：EUさん日独伊 ア仏露カ英 マメ
1255 ○○○×	2009年のサミットはどこで開催？	イタリア，ラクイラ

何度も繰り返し解く
〔Q&Aノート〕は作って終わりでは意味がない。何度も解くことが大事。解いたらそのつど○×チェックを

豆知識を書き込んでおく
社会や理科の確かめるノートで最も大切なのは豆知識

復習ノート（数学）

自分の弱点や苦手項目《こうもく》が凝縮《ぎょうしゅく》されたノート。
問題と解法，まちがえた理由，ポイントの4つをセットで書き残すこと

日付と出典を書く
あとで検索《けんさく》しやすいように必ず日付と出典を入れる。〇×チェックも忘れずに

問題を記入
図形など複雑な場合は，コピーでも可。文章題なら，自分で書いたほうが早い

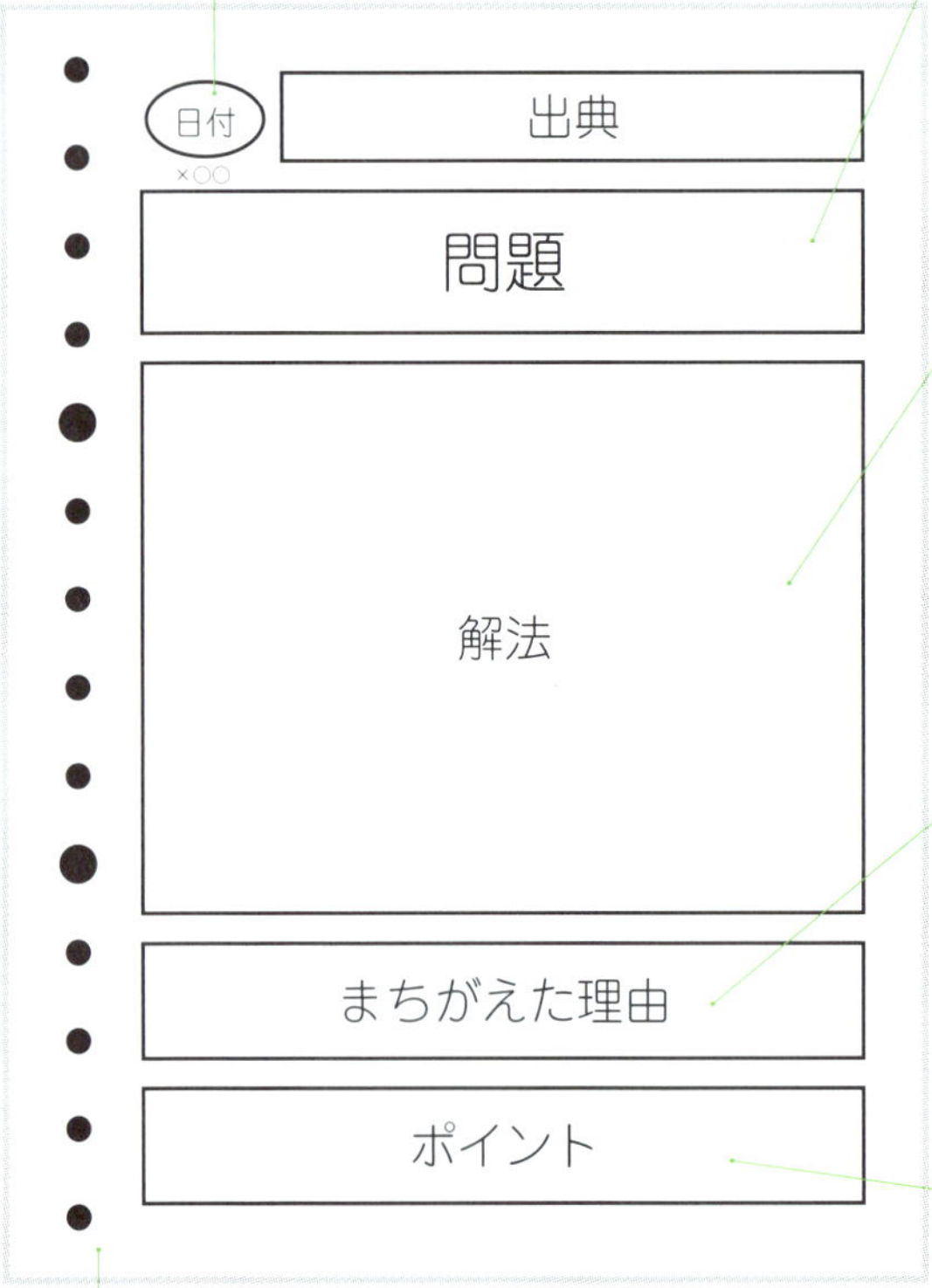

解法は一気に書く
模範《もはん》解答を書き写しても意味はない。一度，頭に入れてから一気に書くこと

具体的に書く
「わからなかった」ではダメ。どこまで真摯《しんし》に自分と向き合えるかがカギ

解答のヒントを記入
解法とまちがえた理由を隠《かく》したときにヒントにならないものはバツ。定期的に先生に見てもらう

完璧《かんぺき》になったら別ファイルへ
「もうできるな」と思ったら，別ファイルに移す。ストックの量が自信につながる

英語ノート（対訳ノート）

ノートの見開き左ページに教科書の本文，右ページに和訳を書いていく。
教科書をそのまま暗記すれば，定期テストで90点以上取れる。

Sunshine 3	
P4	
1. Hello, Yuki.	○○○○○ 1. やあ，ユキ。
2. Sorry, I'm late.	○○○○○ 2. 遅れてすみません。
3. That's OK.	○○○○○ 3. だいじょうぶですよ。
4. Let's go to the library.	×○○○○ 4. 図書館へ行きましょう。
5. By the way, are you free tomorrow?	×○○○○ 5. ところで，あなたは明日あいていますか?

一文ずつ和訳を書いていく
暗誦《あんしょう》できるか○×チェックをつけていけば，
自分がどこでまちがえやすいかが一目瞭然《いちもくりょうぜん》だ

26

「できる」より「わかる」が大事

「だいたいわかりました」ではダメ

中学に入ったら、今までとは勉強の意味が違《ちが》ってくる。そこで伸《の》び悩《なや》む人の特徴《とくちょう》は、「答えが合っているか合っていないか」にしか、注目しないということだ。答えを出す定期テストなら、答えを出すことにしか興味がない。

それって実りがないし、頭に何も残らない人の考え方だ。

大事なのは、「本当に自分はわかったのか、納得《なっとく》したのか」ということに気持ちを集中すること。そして、ちょっとでも本当にわかっていないところがあったら、わかるまでこだわること。これって地道で大変だけど、基本姿勢ができあがったら、絶対に勉強はできるようになるよ。見ていると、伸《の》び悩《なや》む人って「わかった?」と聞くと「だいたいわかりました」って返事が返ってくる。

これは、あやしい。本当に理解してはいないな、とすぐ感じる。

強い納得《なっとく》とともに、自分で「全体像が完璧《かんぺき》に見えた!」っていうところまで毎回落とし込《こ》んでいく。どこかに穴がある状態で進めると、どんどんいろいろなことがわからなくなってきてしまう。公式にそって手続きさえすればいいんでしょ、となってしまう。

本当は学問って、定理や法則を発見したときの喜びの集積として教えてもらっているのに、そのおもしろさに「そういうことか!」って反応できなくなっちゃう。

義務教育段階までは、絶対に一〇〇%理解できるはずだ。キミは中学に入ったら忙《いそが》しくなるだろうし、時間は有限だ。恋愛や部活もあるだろう。それでも、ごまかさずに一つひとつの勉強を完全にわかっていってほしい。

一つひとつ
ごまかさずに
理解していく!

27 聞くことが大事

「正しく言えばいい」わけじゃない

学校を卒業して社会に出たあと幸せに生きていけるのは、どういう人なんだろう。

ぼくは、そのひとつの条件として「言葉を大切にしていける人」というのを挙げたい。「言葉を大切にする」ということには、二つの意味合いがある。

まず、「正しい、論理的な言葉を使える」ということ。これは最低限、できていないと話にならない部分。「こういうことが言いたいんだ！」と思っても、それがちゃんと相手に伝わる言葉を使えなければ届かないよね。

もうひとつは、「相手の言葉の奥《おく》にある気持ちを感じられる」という意味。これが言葉以上に難しいんだけれど、要は「くみ取る」「相手の気持ちを察する」っていうことだ。これって、特に男が不得意とするところだよね。男は、どちらかというと「正しく論理的に」話すほうが得意なんだ。

たとえば、恋人や夫婦で話しているときなんて、話のもともとの筋道を追いたがるのは男のほうでしょう。

「今はそういう話じゃないだろう」っていう発言は、一見正しい。

でも、大事なのは、人と人との会話って「正しく言えばいい」っていうだけのものじゃないってこと。彼女あるいは奥《おく》さんは、ただ話を「聞いてほしい」だけなのかもしれないよ。だから、話しながら、いつも「この人の思いはどこにあるのかな」ということを意識していなきゃならない。心の耳をすまして、聞く力がある人になろう。

相手の気持ちを
思いやれる
大人を目指す！

28 本

ぼくも本なんて好きじゃなかった

中学に入学するまで、ぼくは本を読んでいなかったなぁ。でも、本はすばらしい。

これまでたくさん読んできた人には、もっともっと世界を広げてほしいと思う。論説・批評も、外国文学も、新しい領域のものを読もう。

読まない子たちへ。読もうとしないのは、読書の「快感経験」がまだないんだろうね。「うちの子、本を読まないんです！」というお母さんにいつも言っているのは、読書が好きになるきっかけは三つあるということ。

①幼児期の読み聞かせが成功した。
②家族の誰《だれ》かが本の虫である。
③思春期での本との出会い。
ぼくの場合、本にのめり込《こ》むようになったきっかけは③だった。思春期って、いろいろなことが変わる時期なんだ。身体《からだ》も、笑いのポイントも、友達関係も、どんどん変化していく。

うちは、姉が本をよく読んでいた。「なんであんたは読まないの？」って言われたり、近所の人が姉を「たくさん本を読んで偉《えら》いわねぇ」なんてほめているのを見ると、どんどん読みたくなくなっていった。つまり、姉へのコンプレックスだな。

学校で書かされる読書感想文も、ものすごく嫌《いや》だった。「小説なんて作り話じゃん」なんて、斜《なな》めに構えていた。まったくおもしろいと思わなかったな。

一人の作家に夢中になった

でも、十二歳の春、中学一年になったとき、ふと思いついて日記を書き始めたんだ。日記って、書くことで自分の悩《なや》みをモヤモヤした状態から解放できるんだよね。

それがおもしろくなってきたところで、筒井康隆《つついやすたか》という作家の本に出会った。まさに「痛快!」のひと言だったな。のめり込《こ》んだ。

それからは、本のページを開くたびに、ワクワクするようになった。自分が抱《かか》えていた悩《なや》みについても、本を読むことで「こういう考え方をする人もいるんだ」って知ることができて、楽になった。

たくさん活字を読むようになってくると、どんどん欲が出てきて読む本の領域が広がっていく。少しでもおもしろそうだなと思ったら、まずは読んでみよう。

物事の価値って、自分の頭で考えないと生まれない。そのために、本はこれ以上ない友達になるはずだ。時代をこえて、ぼくたちにメッセージを送り続けてくれる。

本は自分の頭で
考えることを
助けてくれる！

コラム④　ヒーローを持つ

今、大好きな歌手やバンドはある？

ぼくの場合、それは「チューリップ」というバンドだった。ぼくが中三のときにブレイクして、ものすごくはまった。最初にラジオの音楽番組に出したリクエストはがきも、チューリップの「心の旅」という曲だったんだ。

そのチューリップが、家の近くの市民会館でコンサートをすることになった。ぼくは、市民会館の裏口からこっそり入ったんだ。

するとそこで、リーダーの財津和夫《ざいつかずお》さんが、一人でチューニングしていた。

「どうも、地元の中学生です！」

ぼくは、はきはきした口調で言った。

「サインしてください！」

「はい」

と言って、財津《ざいつ》さんはサインをくれた。

そのあとのコンサートも、初めてだったから感動しっぱなしだった。今と比べればすごく原始的な舞台《ぶたい》照明だったけど、そういうのも含《ふく》めて「うっわー！」って。


つい最近、母校で講演会をやったんだ。そのときに友達が見せてくれたものがあって、あのコンサートで、友達がどこに座ってたかを書いたものだった。チューリップのＬＰレコードの中から出てきたんだって。「高濱《たかはま》」っていう名前は、いちばん前の席だった。いち早くチケットを買ったんだなぁ。それくらい好きだったんだ。

こんなふうに、誰《だれ》かにあこがれて、ヒーローみたいな存在を持てる時期って短いんだよね。よいバンドを好きになって、よかったなと思う。

第五章　律する

29 肉体を鍛《きた》えろ

鍛えた肉体は将来の財産になる

肉体を鍛《きた》えておくというのは意味のあることだよ。「どうしよう……」と悩《なや》んだときにも、出ない答えをあれこれ考えているより、将来のためには、身体《からだ》を鍛《きた》えておけばまずまちがいないから。中学のときは、部活にだけのめり込《こ》んだっていいくらい。

ぼくなんて、高校の頃《ころ》は部活しかしてなかった。確かにその後、浪人《ろうにん》してひどい目にはあったけれど。

「花まる学習会」のサマースクールに一緒《いっしょ》に行った人はわかると思うけど、二十代や三十代の若いスタッフが大勢いる中、三十日以上野外で活動していてもぼくが最後までバテない。五十歳にして、だよ。それは、野球部で本当に死ぬほど練習したから。ランニングは十キロ単位だしね。今はだいぶ落ちたけど、それでも体力が違《ちが》うんだ。それが、今はものすごい財産になってる。

みんなはまだわからないと思うけど、仕事をしてると、月曜日から金曜日まで、朝は九時に出社して夕方五時には終わる、というわけにはいかない。どんな仕事でも、徹夜《てつや》しなければならないことはある。

ぼくみたいに会社を経営していたりすると、寝《ね》られないのは当たり前。今もずっと、三時間睡眠《すいみん》でやっています。それでも、電車の中で仮眠《かみん》をとったりして補給しながら、平気でやれている。それはやっぱり、基礎《きそ》体力があるからなんだ。

出産や子育てのことを聞く

女の子はお母さんに、出産や子育てのことを聞いておいたほうがいいと思う。肉体的にも、とてもつらいもんだよ。家から一歩も出られない日が続くし、授乳が安定するまでとか、赤ちゃんの睡眠《すいみん》が安定するまでとか、一つひとつが体力勝負になる。出産やその後の子育てで、体調をくずしてしまうお母さんもいる。出産や子育ては、命がけの作業。

だから男も女も、身体《からだ》を鍛《きた》えることが大事なのはまちがいない、ってことを伝えておきたい。

男の子も
女の子も
身体《からだ》を鍛《きた》えておく！

30 親よりあとに死ぬことが大事

ぼくは、唯一《ゆいいつ》にして重要な親孝行っていうのは、親よりあとに死ぬことだと思っている。

というのも、これって、ぼくが母親に言われたこと、そのままなんだ。

小学校の頃《ころ》だったかな。テレビで、歌手かお笑いタレントが、出世して親に家を買ってあげた、親孝行ですねという話をやっていたんだ。

そのとき、ふと母親が言った。

「家なんかいらんよ。親より先に死なんならよかとたい」

ぼくは「ああ、そういうものなんだな」と思った。

思春期って、極端《きょくたん》に考えがちだから落ち込《こ》むことが多いし、死にたいなんて思うことも山ほどあるでしょう。

だけど、本当に死ぬのは、やってはいけないことだよ。だいいち、生んで育ててくれたお母さんに申し訳ない。キミにはそんな自由はないよ、って言いたい。生き抜《ぬ》かなきゃ。

まぁそこまで考えなくても、次の朝になったらおなかは減るし、食べるものだ。生きよう。

親より先に
死んではいけない！

31 日記を書こう

中学から高校にかけて、キミにやってほしいと思うもの。それは、日記をつけることだ。

今はブログもツイッターもあるから、自分で何かを書く場所はたくさんある。だけど、学校での作文も含《ふく》めてそういうものは、基本的に他人に見せるものだっていうところで日記とは違《ちが》う。

日記は、自分一人のためだけに書くもの。家族に見られる可能性もあるから、絶対見つからないところに隠《かく》して書くようにしよう。

素っ裸の自分をひたすら書き続けていく

人間って、誰《だれ》もがドロドロした部分を必ず持っている。

たとえば中学生くらいになると、男の子は女の子、女の子は男の子にすごく興味を持ち始めるよね。好きな子のことばかり、一日じゅうずーっと、際限なく考えていたりする。あるいは、友達に嫌《いや》なひと言を言われて、絶望的な気持ちになる。「もういなくなりたい」、とすら思うこともあるかもしれない。

そんなことをすべて、ありのままに、日記に書きつづるんだ。

そんなふうに、素《す》っ裸《ぱだか》の自分をひたすらに書き続けていくと、本当の自分が見えてきて、気持ちが落ち着いてくるよ。そして、世界のこと、自分のことにピッタリと感じる言葉が見えてくる。「自分の言葉を持つ」ってことなんだけど。自分の言葉を持つっていうのは、自分で自分をだまさない、正直な言葉を持つ、ということなんだ。これができると、社会に出てから大きな力になる。

ぼくは、毎月「花まるだより」という冊子に巻頭文を書いている。小説家の書く文章に比べればまったくかなわないけれど、説得力があると言われる。

それは、日記を書いて書いて、書いてきたことで、言葉に多少とも力がついたんだと思う。さっき言ったとおり、ぼくは、自分の中にあるコンプレックスや悩《なや》みなんかを、日記に書き続けてきた。

初めはつらい作業なんだけど、やっていくうちにすっきりしてくる。この快感を一度覚えると、書き続けられるんだ。

日記を書くことで、
すっきりしてくる!

DIARY

32 あいさつが道をひらく

もうみんなは中学生だから、大人のあいさつができるようにしておこう。

「大人のあいさつ」っていうのは、一度ピタッと止まってから「おはようございます」と言うことだ。そうすると、上の人に「いいねえ」とかわいがられる。

「そんな小さなこと？」と思うでしょ。

ところがどっこい、ぼくくらいの歳《とし》になると、あいさつが勝負かなと思うくらいなんだ。あいさつひとつで、「よし、この子、おれにくれる？」って会社の人事が決まるくらい、大事なところ。


この間、ぼくの友人が、ある女性と結婚したんだ。その女性がおもしろい人で、七人姉弟のいちばん上。

そして、その七人が七人とも、中卒。中卒なのは学力がどうだったから、というわけじゃない。お父さんがかなり厳しい職人で、「腕《うで》に職つけろ！」って、十五歳になったら一人前の修行が始まって、物をつくって売らなきゃならないというわけなんだ。三万円ずつ家に入れろ、売れないなら借金で入れろ、というルール。

そんな家族の長女であるその女性に初めて会ったときのことなんだけど、もう、あいさつした瞬間《しゅんかん》にびっくりしてしまった。キミに見せたいくらい。

つかつかつかってまっすぐこっちに来て、「こんにちは！　よろしくお願いします」と言ったんだ。もう、こちらにせまってくるような、しっかりしたあいさつだった。うったえかけるものがあるんだね。

キミには、しっかりと相手の目を見てあいさつができる人になってほしい。

今は、横目だけで「こんちは」というようなあいさつをする人が多いでしょ。それじゃ、ダメ。
気持ちをもっていかれるくらいのあいさつをされると、「ああ、この人はいいな」と思う。

あいさつで
すべてが決まる!

33 見つけた人が拾う

小さなことも、人から見られている

こんな場面を想像してみてほしい。

誰《だれ》がやったのかはわからないけど、学校の教室が散らかっている。そこへ入ってきた先生が、「何だこれは?」とある生徒に尋《たず》ねた。そこで、聞かれた生徒が、こう答えたとしよう。

「いや、おれじゃないです」

その人は、学生のうちはまだしも、このまま社会人になったら「お先真っ暗」だ。まったく通用しないだろうね。

何が言いたいかというと、普段《ふだん》からどういう気持ちで過ごしているかって、生活の中のちょっとしたところに表れる。そして、そういうちょっとしたところが、社会に出てからはとても重要視されるということなんだ。

「おれがやったんじゃないし」

「別にぼくじゃないから関係ない」

なんて言ってしまう人は、ほかのことに対してもそういう考え方しかできないんだな、と周りの人から思われてしまう。

だから逆に、「自分じゃないけど、ゴミが落ちていたから拾おう」って行動できる人は、誰《だれ》からも信頼《しんらい》される。気持ちのいいあいさつができる人が気に入られるのと同じだよ。ほんの小さなことなんだけど、人はちゃんと見ている。

さりげない行動が信頼につながる

ぼくが「花まる学習会」を立ち上げる前に、初めてぼくを認めてくれた幼稚園《ようちえん》の園長先生がいた。その先生がね、気づくといつも、教室の床《ゆか》に落ちているゴミをさっと自分で拾っているわけだよ。園の中ではいちばん上の立場の人なのに。

ぼくはそれを見て、「この人となら、信頼《しんらい》して一緒《いっしょ》に何かできるかもしれない」って感じたんだ。それは、「ちょっとしたことを厭《いと》わないなぁ、この人は」ってわかったから。

人ってやっぱり、人とのネットワークの中で評価されて、引き立てられて、上がっていくわけでしょう。

たとえば、人を雇《やと》う立場になると、「よし、この人と組もう」「この仕事は彼にまかせよう」と決めなきゃいけないことがたくさんある。そういうとき、本当にさりげない行動が、その人を信頼《しんらい》できるかどうかを判断するための、相当に高いポイントになってくるんだ。

散らかっている教室の話だけど、もし、教室にいた全員の生徒が、誰《だれ》が言うともなくゴミを拾ったら？

教室はあっという間にピカピカになるでしょう。

社会全体についてだって、同じことが言える。哲学《てつがく》に近いけど、ぼくはそう思っているんだ。

「見つけた人が拾う」

花まる学習会の社員には、常日頃《つねひごろ》言っていることだ。もっともっと、日本じゅうに広まるといい。

自分のこととして、
すべてに向き合う！

34

言葉に厳しく

五、六分話せば、その人がわかる

魅力的《みりょくてき》な人は、言葉に厳《きび》しい。「言葉に厳《きび》しい」っていうのはどういうことかというと、まず正確であるということ。そして、自分が発する以上、その言葉に責任を持つということ。自分の使う言葉に、自分なりの定義をもって話すこと。

ぼくは若い頃《ころ》、ある友人にいきなり「高濱《たかはま》さん、言葉の定義って、どう考えてますか？ たとえば『世界』って？」って聞かれたことがある。この人は、自分の使う言葉にこだわりをもって話す人だった。自分の頭の中にあることを、できるだけそのままの形で伝えたいという気持ちがあるわけだ。そういう人は、言葉に厳しくなる。彼の場合、そのこだわりが彼という人間のおもしろみになっていた。

政治学者の姜尚中《カンサンジュン》さんも、言葉に厳しい人だと思う。彼の話し方を見ていると、ひと言ひと言をよくよく吟味《ぎんみ》しているのがわかる。

だから逆に、言葉についてよい仲間と切磋琢磨《せっさたくま》してこなかった人というのも、すぐわかる。言いたいことがコンパクトになっていなかったり、冗漫《じょうまん》だったり。「いちばんいい状態で料理できてない」って感じがする。社会に出てからはいろんな人に出会うけど、その人が言葉の力を磨《みが》いてきたかどうかは五、六分話せば伝わってくるものなんだ。

そして、言葉の使い方がいい人は、引き立てられる。

言葉に厳しくなる三つのポイント

言葉に厳しくあるためには、まず、

①いい言葉づかいに触《ふ》れること。具体的に言うと、キミが「魅力的《みりょくてき》だな」と思う人の話し方を見る。そして、

②日記を書く。これについては「日記を書こう」(148ページ)のところも読んでほしい。

最後に(②とも関連するけれど)、

③わからない言葉があったらすぐに調べる。オリジナルの言葉ノートを作ろう。

一語でも、完全にわかっていない言葉が出てきたら、「ん?」とひっかかる感じがするようになるといいよね。

言葉の使い方が
いい人は、
引き立てられる!

35 自分で決める

大人にもたくさんいる、決めきれない人

もう流行《はや》らないけど、「自分探し」にさまよっている人はいる。そういう人ってたいてい、

「本当の自分は、どこか違《ちが》う場所にいる」

「もっと自分に合う仕事がある」

なんてことを言うんだよね。

そんな人に言いたいのは、「今ある仕事の場で、まずがんばってみろよ」ということ。どこかにもっと合う仕事がある、じゃなくって、「これをやる」って自分で

決めることだけが、大事なわけだよ。

どこに行っても、自分で決めて、そして全力を尽《つ》くすっていうことの繰《く》り返ししかない。「自分探し」の人って、そこが見えてない人だね。自分で選んでやるしかないのに、決めきれない人って、大人でも山ほどいる。

答えはない、決めて動くだけ

バイトひとつとっても、始めてすぐに「もっと合うバイトがあるんじゃないかな？」なんて考えちゃう人が多い。でも、さっきも言ったように、やることはどこへ行っても同じだ。「ここでやる」って自分が決めるかどうか、それだけの話だ。

恋愛でもそう。

「この人と付き合ってみようかな……でも、もっとほかにいい人っているんじゃないかな？」

そりゃ、もしかしたらいるかもしれない。でも大事なのは、「よし、この人でいこう」と決めること。こうと決めたら告白してほしい、行動してほしい。

バイトも恋愛も、どっちでもいいから決めるしかないんなら、もう決めちゃえばいい。簡単なたとえでいうと、レストランで注文するメニューを決めるのと同じ。「本当はこっちのほうがおいしいのかなぁ」っていう迷いはあるにせよ、頼《たの》むためには決めなきゃいけないでしょう。

この人はすごい人だな、と感じたぼくの大学の先生は、こんなことを言っていた。「人生で大事なのは、自分で決めて、誠実にやるってことだ。生きるということを決める、よく生きると決める、これがいい生き方だと決める」

「どこかに答えがあるんじゃないかな？」「いちばんいい答えがあるんじゃないかな？」という考え方では、いつまでたっても答えを探し続けるだけだ。

MENU
MENU
MENU

コラム⑤　合唱コンクール

「人生でいちばん感動したのは？」と聞かれたら、ぼくは、中学二年の合唱コンクールだと答える。

中二のクラスが、ワルばっかりでさ。学年主任の先生から注意されることなんてしょっちゅうだったし、修学旅行でも大もめ。しまいには、そのバスの中で担任の先生から「おまえら、修学旅行から帰ったら覚えてろよ」と本気で言われる始末。楽しいはずなのに、いやーな感じでしょ。

クラスの中にはいいヤツもいたけど、付き合いたくないガラの悪いヤツも多かった。それでも、なんとか距離《きょり》をとって仲良くなっていったんだな。

三学期にあったクラス対抗《たいこう》の合唱コンクールで、ぼくは指揮者だった。前評判ではは、案の定まったく期待されていなかった。

歌い終わって、結果発表のとき。三位でもない、二位でもない……「まさかね」という思いがよぎる。

「もしかして？　音楽的には良い感じだったような……」と緊張《きんちょう》が高まる。運動会での結果発表のとき、必死に祈《いの》っている子どもとおんなじ。

「一位、五組！」

ぼくらのクラスだった。その瞬間《しゅんかん》、クラスの全員が男女関係なく、「わー!!」って抱《だ》き合った。いちばん喜びが出るのって、「まさか」っていう意外な結果のときなんだよね。もう、その場で興奮して、もってかれちゃった。

このクラスの仲間は、自分にとってすごく特別な人ってわけじゃない。でも、初めは上手《うま》くいかなくっても仲良くなったヤツらだ。そんな人たちと、いちばんの興奮を共有できたっていうのは良い経験になった。

ちなみに、おふくろには「絶対来ないで！」って言ってあったんだ。母親と距離《きょり》をとりたがる時期だったしね。でも、優勝してみると、「あぁ、見てもらいたかったな」って後悔《こうかい》している自分がいた。

そして家に帰ったら、なんとおふくろ、こっそり見に来ていたらしい。

「なんで見に来るの？」って言ったけど、心では「やったー！」。

本当にうれしかったな。

おわりに

ここまで読み進めてくれたみなさん、ありがとう。でも中には、「勉強の仕方とか、内申《ないしん》が大事とか書いてあったけど、必ずしも高校なんか出なくても『メシが食える大人』になる道はあるんじゃないの？」と思った人もいるかもしれないね。

それは、もちろんそのとおり。ただ、よほどの人でない限り、高校くらいは出ておいたほうがいいとは言えると思う。よほどの人ってどういう人かというと、たとえば、自分の特別の才能にすでに気づいていて、学歴など関係ない分野で「この道しかない」と決定できている人。相撲《すもう》取りとか、芸の道とか、ある種の職人とかね。

若手落語家で柳家三三《やなぎやさんざ》っていう人がいる。つい先日寄席《よせ》で聞いて衝撃《しょうげき》を受けた。昔から落語は大好きなんだけど、落語って本当に奥《おく》が深いよね。言葉と表情とせいぜい手振《てぶ》りで、豊かなお話の世界を客の頭の中に描《えが》かせるんだから。何がすごいといって、同じ話（台本が決まっているということ）なのに、噺家《はなしか》さんによって、もう全くおもしろさが違《ちが》うってことだね。

本の途中《とちゅう》でも書いたけど、生きているうちに触《ふ》れた人では、古今亭志ん朝《ここんていしちょう》さんと柳家小三治《やなぎやこさんじ》さんの二人は、本当にすばらしかった。引き込《こ》まれてなんだか終わった瞬間《しゅんかん》に夢から覚めるような、そして覚めてくれるなよと言いたくなるような気持ちになる。いや言葉にできないな、とにかく落語だからこそできる表現世界にどっぷり引きずり込《こ》まれて酔《よ》わせてくれた。今は忙《いそが》しくて行けないけど、ぼくが通ってた頃《ころ》は十日間同じ人がトリ（最後の演じ手）をつとめる形式だったんだけど、この二人のときには、毎日通い詰《つ》めることもあったくらいだよ。さらに、録音したものしか聞けなかったけど、古今亭志ん生《ここんていしんしょう》さんは、小説でいえばドストエフスキー、音楽でいえばジョン・レノン。飛び抜《ぬ》けた世界を持っていて、それはそれはすばらしかった。

話が長くなっちゃったけど、三三《さんざ》さんのこと。三十年ぶりかな、志《し》ん朝《ちょう》さんや小《こ》三治《さんじ》さんを初めて聞いたとき以来の感動だったんだ。この人はうまい。才能がある。全然違《ちが》うぞって。で、たまたまその日のトリがぼくの郷土の先輩《せんぱい》の講談師の方だったツテで、彼と打ち上げの宴席《えんせき》で隣《とな》り合うことができて、たまたまお互《たが》い前年に「情熱大陸」っていうテレビ番組に出てたので、それをきっかけにお話しした。

彼はなんと中学二年生のときに、小三治師匠《こさんじししょう》のところに「弟子《でし》にしてくれ」って、自ら頼《たの》みに行ったんだって。「高校を出てからにしなさい」って言われたらしいけどね。

言えることは二つ。中二で「おれは落語で行く」って確信があるくらい、三三《さんざ》さんは自分の道が見えていたってこと。冒頭《ぼうとう》で言った「よほどの人」って、そういう人のことです。

もうひとつは、そんな力がある人に対しても、小三治師匠《こさんじししょう》は「高校くらいは出ておかないといけない」と言ったという事実だね。客の大半が出ている時代に、出ておかないと感覚が合わないとでもお考えになったのか。いずれにしろ、社会で何年も仕事をして、学歴がある人ない人の強み弱みなども様々に見てきて、高校くらいは出ておいたほうがいいとは、言いきっておきます。ガタガタ言うなと。

さて、ちょうど先日、テレビで『小さな恋のメロディ』という映画を観《み》ました。一九七一年のイギリス映画で、ちょうどぼく自身が十二歳のときに、日本でヒットした大好きな作品。主人公の二人も十一歳どうしで、自分と同じくらい。その二人が結婚したいといって大騒動《おおそうどう》になる、まあ荒唐無稽《こうとうむけい》のストーリーなんだけど、映像がきれいで音楽がすばらしくて、出てくる子どもたちがかわいい。

正直言うと、十二歳のぼくは本物の恋をする前に、この映画のヒロインであるメロディ（トレーシー・ハイド）に初恋をしてしまったんだな。ノートにベタベタ彼女の写真を貼《は》ってた。旭化成っていう会社のコマーシャルにこの映画の映像が使われていて、バレエをする姿、講堂の集会で振《ふ》り返る姿、金魚鉢《ばち》を抱《かか》えて歩く姿、もう何もかにもグッときて、毎晩そのコマーシャルのたびにウットリしてたのを覚えている。観《み》終えたとき、中一のあの頃《ころ》の胸のときめき、家の空気、流行《はや》っていた音楽、友達との関係……。タイムスリップするように、よみがえりました。

この本を書き終えて、「おわりに」を書く直前に、その映画を観《み》たのも、何かの因縁《いんねん》かもしれない。「あぁ、ちょうどあの頃《ころ》の自分と同じ年齢《ねんれい》の後輩《こうはい》たちに、この本を書いてるんだなぁ」と感じたんです。何かひとつでも、みんなの人生の役に立ってくれるとうれしいです。

最後に、この本は、献身的《けんしんてき》な努力で手伝ってくれた竹谷和さん、追い込《こ》まれないと動かない私を叱咤《しった》激励《げきれい》し続けてくれた堀井太郎さんの存在がなくては形になりませんでした。ここに心から感謝します。

二〇一一年一月

花まる学習会　高濱正伸《たかはままさのぶ》

高濱正伸（たかはま　まさのぶ）

1959年熊本県人吉市生まれ。県立熊本高校を卒業後、東京大学へ入学。東京大学農学部卒、同大学院農学系研究科修士課程修了。花まる学習会代表。NPO法人子育て応援隊むぎぐみ理事長。算数オリンピック作問委員。日本棋院理事。環太平洋大学特任教授。

本書のベースとなっている、花まる学習会卒業記念講演（小学６年生対象）は、聴講したすべての子どもから熱い支持を得ている。

1993年、「この国は自立できない大人を量産している」という問題意識から、「メシが食える大人に育てる」という理念のもと、「作文」「読書」「思考力」「野外体験」を主軸にすえた学習塾「花まる学習会」を設立。1995年には、小学4年生から中学3年生を対象とした進学塾「スクールFC」を設立。

主な著書に、『中学生　中間・期末テストの勉強法』『中学生　高校入試のパーフェクト準備と勉強法』『だれもが直面することだけど人には言えない　中学生の悩みごと』（以上、実務教育出版）など。

13歳のキミへ

2011年３月５日　初版第１刷発行
2025年１月10日　初版第35刷発行

著　者　高濱正伸
発行者　淺井　亨
発行所　株式会社実務教育出版
〒163-8671　東京都新宿区新宿 1-1-12
電話　03-3355-1812（編集）　03-3355-1951（販売）
振替　00160-0-78270

DTP／明昌堂　　印刷／シナノ印刷　　製本／東京美術紙工

ISBN978-4-7889-5908-8 C0037